T0289094

Historia portátil
del mundo

Sin Fronteras

ALEXANDER VON SCHÖNBURG

HISTORIA PORTÁTIL DEL MUNDO

Traducción de
María Esperanza Romero

lince

Para obtener este libro en formato digital escriba su nombre y apellido con bolígrafo o rotulador en la primera página. Tome luego una foto de esa página y envíela a <ebooks@linceediciones.com>. A vuelta de correo recibirá el e-book gratis. Si tiene alguna duda escríbanos a la misma dirección.

© Rowohlt Berlin Verlag, GmbH, Berlín, 2016
© Traducción: María Esperanza Romero
© Los libros del lince, S. L.
Gran Via de les Corts Catalanes, 657, entresuelo
08010 Barcelona
www.linceediciones.com

Título original: *Weltgeschichte to go*
ISBN: 978-84-15070-85-6
Depósito legal: B-12595-2017
Primera edición: julio de 2017

Impresión: Cayfosa
Maquetación: gama, sl
Imagen de cubierta: © Pierre Pavot / Alamy Stock Photo

ÍNDICE

EN LUGAR DE UN PRÓLOGO, UNA ADVERTENCIA

> Los pueblos y las gentes, la estupidez y la sabiduría, la guerra y la paz van y vienen como las olas del agua; el mar permanece. ¿Qué son, a los ojos de Dios, nuestros Estados y su gloria y poder sino hormigueros y colmenas a los que aplasta la pezuña del buey o alcanza el destino en forma de apicultor?
>
> OTTO VON BISMARCK

Apenas son las diez de la mañana. En la terraza de nuestro hotel el termómetro ya marca 30 °C a la sombra. Estoy desayunando con mis hijos. Justo delante de nuestras narices se levanta la Acrópolis, la fortaleza urbana más famosa del mundo. En el centro se encuentra el Partenón, el templo que sus habitantes hicieron construir en su día en honor a la diosa Atenea, para agradecerle el socorro que les prestó en su lucha contra los poderosísimos persas que, por aquel entonces, consti-

tuían una especie de potencia nuclear. El rey
persa, con su ejército armado hasta los dientes,
había creído que podía liquidar a Atenas de un
zarpazo, como a una molesta mosca. Pero luego
vinieron Maratón y Salamina, dos victorias mila-
grosas de la historia universal, tan poco proba-
bles como una derrota de 7 a 1 de la selección
alemana contra Liechtenstein, victorias que cambiaron el rumbo de la historia. El pueblucho de
Atenas, con sus gentes aventureras, alertas de cuerpo y mente, se convirtió en la superpotencia del
Mediterráneo y sigue determinando nuestras acciones hasta el día de hoy.

Hace rato que mi mujer ha abandonado la terraza. Con este sofocante calor no tiene ganas de
participar en la inminente excursión familiar a
las moradas de la Antigüedad, no quiere dejarse
arrastrar por mí a paso de oca por el ágora, el
principal centro de reunión de la ancestral Atenas. Además, está furiosa conmigo, y con razón,
porque anoche me dejé llevar por un amigo, el
corresponsal Paul Ronzheimer. Salimos de noche
por la capital mientras nuestros hijos hacían lo
posible por devastar su habitación del hotel al estilo de las estrellas del rock. Mis retoños son ado-
lescentes; en este momento les interesa más el
bufé del desayuno que el paisaje de ruinas más
impresionante del mundo. El menor ha ido a por
una ración gigante de huevos revueltos con toci-
no, acompañada de toneladas de pan blanco, un

volumen de calorías que habría hecho felices a tres docenas de espartanos durante una semana. Mi hija lleva una hora intentando conectarse a la red WLAN del hotel. Es una chica culta. Lo hace para demostrar ante el mundo digital que ha pasado por este lugar. En el perfil de Instagram se puede ver, mediante banderitas plantadas en un pequeño mapamundi, desde dónde ha subido sus fotos a la red. Una banderita en Atenas y una foto del blanco Partenón que destaca sobre el cielo color azul piscina, tomada con la Hipstamatic, el combo John S y la película Ina1969 da el pego.

¿Por qué los someto a todo esto? ¿Por qué no quedarse con la vista panorámica y luego dar solo una vuelta, comiendo un helado, por el barrio comercial de Plaka? ¿Qué nos importa la civilización cuyos escombros tenemos aquí a la vista? En resumidas cuentas, ¿por qué los humanos nos creemos tan extraordinariamente importantes? ¿Por qué siempre nos contamos historias de nuestro pasado?

¿No sería más sabio permanecer en el presente? ¿Qué sacamos con mirar hacia atrás constantemente? A esta pregunta solo se puede responder de una manera: no tenemos otra cosa. Desde el punto de vista de la física, no hay prueba de que el presente exista. Todo lo que vemos es pasado. Veo el vaso que tengo al lado con fracciones de segundo de retraso, con la dilación de tiempo que ha necesitado la imagen para llegar a mi retina. Cuando miramos al cielo nocturno, podemos divisar, sin ayuda, unas seis mil estrellas. Todo rayo de luz que vemos se está proyectando en ese preciso momento sobre la tierra, pero en realidad procede de tiempos muy remotos. Cuanto más se aleja la fuente de nosotros, más vieja es. El rayo más antiguo tiene trece mil millones de años y emprendió su viaje a la velocidad de la luz en el momento en que se produjo el Big Bang.

Hubo una época en que este interés en nosotros mismos parecía más que obvio. Hasta hace poco los humanos creían de verdad que nuestro planeta era el centro del universo. No lejos de aquí, en Delfos, hay un hito de piedra. Antaño señalizaba el centro del mundo. Hoy sabemos que ni siquiera somos el centro del pequeño sistema planetario en el que nos encontramos, que, como otros sistemas, nos hallamos en la periferia, en un arrabal cualquiera de nuestra galaxia. Una galaxia entre miles de millones. El universo le concede a nuestro planeta la importancia de un bacilo en el moco de una pulga sentada en un pelo de la cola de uno de los miles y miles de elefantes en las inmensidades de África... ¿No es ridículo que seres tan minúsculos como nosotros dediquen su tiempo a poner por escrito quién se ha peleado o gobernado con quién, cuándo y por qué motivos? Si a partir de mañana nuestro planeta dejara de existir, esto no se notaría en la vastedad del universo. Nuestra galaxia, esa nebulosa espiral a la que llamamos Vía Láctea, seguiría girando tranquilamente como todas las demás. ¿O acaso todo esto son tonterías, y el universo entero solo existe porque proyectamos luz sobre él, porque lo vemos, porque lo percibimos como real? Si no hay nadie que perciba, ¿puede acaso haber realidad?

Pero hagamos el esfuerzo de considerar nuestro planeta como algo especialmente interesante. Eso no quiere decir que automáticamente hayamos de dirigir toda nuestra atención hacia el advenedizo *Homo sapiens*, como suelen hacer los libros de historia, en los que por lo general se lee: «Y luego apareció el hombre». Como si con nosotros se culminara la creación, o la evolución, según se quiera expresar. Como si fuéramos el broche de oro de un plan universal que nos reserva el papel de soberanos de este mundo.

Este libro trata de la extraña especie humana que de manera fulminante, es decir, en el momento mismo de su aparición, subyuga al planeta. Para comprender a nuestra extraña especie vale la pena conocer antes al primigenio *Homo sapiens* por una sencilla razón: somos ese hombre primigenio. Existimos desde hace tantos cientos de miles de años que el último par de milenios de cultura humana prácticamente no han tenido oportunidad de cambiarnos de forma sustancial y apenas hemos disfrutado de la ocasión de adaptarnos a las condiciones que nosotros mismos hemos creado. Desde hace al menos ciento cincuenta mil años existimos tal como somos ahora. Ni en el aspecto exterior ni en lo que concierne al rendimiento de nuestro cerebro presentamos diferencia alguna con respecto a nuestro antepasado de entonces. Probablemente aquel era incluso más inteligente que nosotros, porque tenía que almacenar e interpretar en su cabeza miles de informaciones de las cuales dependía su vida, mientras que nosotros, a menudo por aburrimiento, no hacemos más que comprobar en el smartphone el tiempo que hace o jugar a CandyCrush. Hace tan solo doce mil años que dejamos de andar por el mundo como recolectores o cazadores. Desde ese tiempo relativamente corto nos dedicamos a edificar, cosechar, realizar trámites burocráticos, abrir libretas de ahorro y acudir a citas. El hombre, que considera tan importante ser «moderno», solo tiene que hacer un sencillo experimento para sentir qué poca diferencia hay entre él y aquel hombre primigenio que vivía en cuevas y cazaba mamuts: tomar un baño de cuerpo entero. Cuando el agua de la bañera se enfría, se nos pone la piel de gallina. Nuestros antepasados eran más peludos que nosotros. Cuando tenían frío, la piel de gallina les ayudaba a erizar el vello. El aire se enredaba en él y los calentaba.

Si usted no tiene bañera, pase alguna vez por delante de una mesa llena de comida. Desde que sé que la mayoría de mis antepasados pasaron muchas penalidades para recolectar o cazar su alimento, me resulta evidente que no pueda ignorar el bufé de desayuno de un hotel medianamente bueno. Antes no tenía hambre; nunca tengo hambre por la mañana. Pero durante cientos de miles de años cualquier alimento ha sido un triunfo para mí, ha producido una tempestad neuronal de júbilo en mi cerebro. De modo que antes, en el desayuno, tuve que llenarme el plato a rebosar. En lo más hondo de mi ser reside la sospecha de que esta va a ser mi única comida por mucho tiempo.

Interesarse por la historia significa interesarse por sí mismo. Observamos la historia por una única razón: para observarnos a nosotros mismos. Veremos que existen buenas razones para contarla desde la perspectiva de nuestra especie, con el trasfondo de la cultura que ella misma ha creado.

Los primeros millones de años de nuestra historia (mucho antes de la bañera y del bufé de desayuno del hotel) me los saltaré en buena parte para centrarme en los últimos milenios, más o menos a partir del año 10.000 a. C., cuando nos hicimos sedentarios. Al hacerlo, y entiéndase como advertencia expresa, estoy emitiendo un juicio de valor. Según la propia manera de entender la historiografía clásica, la llamada revolución agrícola, que tuvo su origen hace unos doce mil años, es el

origen del progreso de la humanidad, origen de
lo que llamamos civilización. Aunque lo habitual
es contar la historia solo a partir del momento en
que el hombre comienza a oponerse a la naturaleza, antes de proceder de esta manera hemos de ser
conscientes de que la premisa inicial es muy osada.
A saber, que la historia solo es digna de ser obser-
vada desde el momento en que el hombre deja de
ser una parte de la naturaleza para convertirse en
un ser de la civilización, a partir del momento en
que no se entiende a sí mismo como parte de la
naturaleza, sino como superador de la misma.
También podríamos limitarnos a los primeros
ciento cincuenta mil años de historia de la humanidad, argumentando que es la época más larga y
con creces la más exitosa que jamás ha habido.
Luego resumiríamos los últimos doce mil años
—época posterior a la revolución agrícola— cali-
ficándolos como quien dice de triste posdata de
la historia, en la que nos hemos dedicado a explotar y destruir la naturaleza que durante miles
de generaciones nos ha supuesto un magnífico
sustento. No es esto lo que me propongo hacer en
este libro, pero encuentro que es de justicia señalar en qué medida estoy emitiendo ya un juicio
de valor al concentrarme en la época desde la
cual los hombres se hicieron sedentarios y empezaron a crear civilizaciones, así como también es
un juicio de valor hablar de «nuestro mundo» y
de «nuestro medioambiente». Al hacerlo, doy a

entender, como lo hacemos todos, que no considero al hombre como parte de la naturaleza, sino como algo ajeno a ella, y, en caso de duda, incluso como su dueño y señor.

Existe, además, una razón muy banal y práctica por la cual los libros de historia se centran por lo general en los últimos doce mil años, es decir, en los tiempos desde la revolución agrícola: resulta más sencillo. Todo lo que es más próximo en tiempo y espacio es más fácil de contemplar y permite conocimientos más exactos. A esto se añade la dificultad de que sabemos menos acerca de la época anterior a nuestro paso al sedentarismo porque no existen testimonios escritos. Los cazadores y recolectores no eran, por lo general, muy dados a la escritura. La idea de la escritura es un invento moderno que aún habían de realizar los miembros de una civilización urbana.

Tener un conocimiento más exacto acerca del progreso del hombre en los últimos doce mil años también vale la pena porque se trata de una historia de un éxito bastante remarcable. Hemos hecho avances asombrosos a un ritmo vertiginoso. Comenzamos en la cadena alimenticia en alguna parte entre la oveja y el león, y hoy tuiteamos desde el espacio sideral, construimos minicerebros a partir de neuronas para probar medicamentos, manipulamos nuestro patrimonio genético y desarrollamos superinteligencias. Cuando hablamos de historia universal, tenemos ante nosotros cuatro mil

quinientos millones de años. Los primeros primates humanos que utilizaron herramientas aparecieron hace unos tres millones de años, hombres
de aspecto idéntico al nuestro, desde aproximadamente ciento cincuenta mil años, y seres humanos
pensantes capaces de planificar, desde hace setenta mil años. Si tenemos presente que la historia
universal se remonta a cuatro mil quinientos millones de años, los setenta mil de historia de la humanidad no son ni siquiera un *nanosantiamén*.
Desde el momento en que el hombre empezó a
partir piedras hasta que fundó la OTAN y Google,
construyó robots y coches autónomos no habría
transcurrido ni una fracción de segundo, si la historia universal fuera una película de 100 minutos
de duración, pero el caso es que han sucedido muchas cosas interesantes para nosotros.

Aquí entra en liza mi especial cualidad de diletante: soy periodista, es decir, lo contario de un
especialista. Para el lector de este libro esto constituye una enorme ventaja. Basta con leer a Nietzsche para ver adónde puede conducir el ser demasiado profundo: cuando uno sabe mucho, entiende
mucho, es capaz de reconocer muchos contextos,
posee mucha información y el asunto acaba de
forma indefectible en la confusión total. Únicamente
el hecho de no tener miedo a dejar incógni-
tas sin resolver, a desechar detalles, el hecho de
concentrarme tan solo en lo esencial (o en lo que
considero como tal) me habilita para emprender

esta empresa (completamente descabellada por la enorme cantidad de material), cuyo objetivo es contemplar la historia de la humanidad. Solo si está usted dispuesto a aceptar las simplificaciones de un diletante como yo tiene si acaso una posibilidad de conservar la visión de conjunto. El gran periodista y filósofo de la civilización, Egon Friedell, escribió una sagaz defensa del diletante, a la cual me puedo remitir. Friedell no se sentía para nada ofendido cuando era tildado de tal; al contrario, según cuenta Friedrich Torberg, como autor dramático, Friedell fue objeto de una feroz crítica por parte de un periódico vienés que acababa con el siguiente veredicto: «A este beodo diletante muniqués no queremos volver a verlo nunca más en Viena». Friedell respondió a la redacción del diario diciendo lo siguiente: «No niego sentirme de vez en cuando atraído por el alcohol, tampoco encuentro nada negativo en la palabra diletante, puesto que se trata de alguien que ama lo que hace, pero la palabra "muniqués" tendrá consecuencias judiciales». Toda ocupación humana solo reviste verdadera vitalidad si es realizada por un diletante, escribió Friedell en una ocasión en una carta dirigida a Max Reinhardt. «Solo el diletante apasionado, que con razón también se le llama "amateur", tiene una relación verdaderamente humana con el objeto de su afición.»

La simplificación es el único camino transitable para contar la historia. Incluso la historiografía más científica implica, siempre, ordenar. Y ordenar, por fuerza, quiere decir encasillar, interpretar, explicar, construir contextos *a posteriori*. La cientificidad no es otra cosa que un intento de poner orden. La alternativa es un revoltijo de información y datos confusos y sin conexión. Quien empiece a hacer un inventario de todo gobernante, anotando cuándo y dónde este se ha desempeñado, queda anclado en el pozo de la categorización y del orden arbitrarios. El gran Nassim Nicholas Taleb, matemático financiero, cuyo libro *El cisne negro* figura entre uno de los más influyentes del momento, denomina «platonidad» a la compulsión del hombre a clasificar las cosas. Sin embargo, el querer clasificar y establecer vínculos es lo que hace de nosotros seres pensantes. Pensar significa establecer conexiones en el cerebro. Cuanto más ordenados estén los datos y menos aleatorias sean las conexiones entre sí, en la medida en que pueden constituir patrones, más fácil resulta almacenarlos en la mente, transmitirlos a otra persona, anotarlos en un libro. Según Taleb, necesitamos lo tangible, lo evidente, lo que salta a la vista, lo cautivador, lo romántico. No estamos hechos para lo abstracto. El problema es que al ser de esta manera cometemos un error de pensamiento. La clasificación solo puede realizarse *a posteriori*. Mirando en retrospectiva decimos esto o aquello tenía que suceder, la Revolución Francesa, la Primera Guerra Mundial tenía que estallar porque sucedió esto o lo otro... Solo que cuando ocurrió, nadie vio lo que se avecinaba. Desde el 11 de septiembre todo el mundo puede explicar el fenómeno del terrorismo islámico. El 10 de septiembre apenas había quien pudiera hacerlo. Esto significa, entre otras cosas, que no tenemos ni la más remota idea de cómo vamos a ser juzgados un día por futuras generaciones.

La historia no es una ciencia que consigne la verdad objetiva. En ocasiones, incluso los cuentos contienen más verdades que carpetas enteras llenas de datos y hechos. Historias, como la de Adán y Eva, que tratan de la rebeldía del hombre frente al orden establecido o la epopeya babilónica de Gilgamesh, que cuenta cómo el hombre emprende la tarea de vencer a la más inmisericorde de las leyes naturales, la muerte, son quizá las historias más veraces que existen. A lo mejor lo importante no radica tanto en el rigor científico de la historiografía como en su efecto terapéutico. A lo mejor solo nos contamos historias para consolarnos. Porque somos conscientes de nuestra temporalidad o porque con ellas podemos darnos a nosotros mismos la sensación de perdurabilidad.

Aquí en Atenas, donde estoy ahora, se inventó el teatro. El objetivo, claramente definido, era darnos la posibilidad de contemplarnos a nosotros mismos, ver reflejados en el escenario nuestros anhelos y sombras. A una distancia segura. Sesiones de autoterapia escenificada.

La historia tampoco puede ser una ciencia ya por el solo hecho de que todo depende de quién cuenta qué y dónde. Pensamos en forma de relatos. Y es que la palabra *historia* significa en primer lugar contar historias, por lo tanto también es legítimo que en este libro me remonte una y otra vez a mitos y relatos, en los cuales se ha condensado la historia desde el punto de vista científico. Cuando dentro de un par de años un congolés en Kinshasa (una de la ciudades del mundo que crece a mayor velocidad) escriba una historia universal o cuando hace quinientos años lo hizo un budista a los pies del Himalaya, en el reino de Mustang, claramente las versiones resultantes sonarán muy diferente a la mía, la de un europeo blanco, bien alimentado, escribiendo desde su portátil en Atenas. Sin embargo, no tengo otra perspectiva que la mía propia. Asimismo, utilizo la palabra *europeo*, a sabiendas de que la denominación es ya de por sí un engaño. Europa no es un continente sino una idea que tejen desde hace dos mil años las gentes que viven en estas latitudes. Desde el punto de vista geológico, no somos más que la última estribación fragmentada de una gigantesca placa continental que llamamos Asia. Pero los hombres que habitan este extremo del planeta han introducido un desorden considerable y duradero en la vida de los demás habitantes del planeta. Por tanto no es solo comprensible, sino que, desde la perspectiva actual, es obligado que describa la historia desde la atalaya europea. O, para decirlo con las palabras del cineasta mexicano Alejandro González Iñárritu: «La cuestión es el trato que el hombre blanco dispensa a personas con otro color de piel, a la naturaleza, a los animales, a la vida en general». ¿Qué ha pasado con el resto de grandes civilizaciones? ¿Por qué China, que descubrió Australia, no ha pensado nunca en conquistarla? ¿Por qué fueron los europeos quienes descubrieron América y no al revés? ¿Por qué los mayas nunca emprendieron viaje alguno hacia Europa, o tan siquiera hacia América del Sur? Habrá que dilucidar estas preguntas.

¿Cuál será mi modo de proceder? ¿Qué le espera a usted, lector? El filósofo Karl Jaspers, que no es un adepto de la simplificación, divide la historia de la humanidad en cuatro períodos. Según él, hay cuatro momentos en los que el hombre sienta nuevas bases. El primero comienza cuando surgen el lenguaje y las herramientas. Le sigue la fase en la que los hombres ya no cazan ni recolectan, sino que siembran, cosechan y construyen grandes reinos. Para la tercera fase, el primer milenio antes de nuestra era, Jaspers inventa la bella denominación de Era Axial. Es la época en que, intelectualmente, alcanzamos las estrellas, filosofamos, levantamos edificios de ideas y surgen las religiones universales. La cuarta fase es nuestro tiempo, la época técnico-científica. Como toda categorización es absurda. Y a la vez muy útil. Me ciño en gran medida a la clasificación de Jaspers e incluso voy un poco más allá en la aplicación del sentido de la estructura típico del *Homo sapiens*. Al final de cada capítulo hay una lista de los 10 ítems más destacados que resumen el tema tratado en el capítulo. ¡Supera esta, Jaspers!

Tras un recorrido rápido para lectores con prisa, en cada uno de los 10 capítulos enfoco la historia universal en su conjunto desde un ángulo diferente. Al capítulo sobre los acontecimientos más importantes de la historia de la humanidad, sigue un capítulo que describe la historia universal tomando como base el progreso de ciudades importantes, luego viene un capítulo sobre héroes de la historia, otro sobre las grandes ideas, uno sobre las grandes obras de arte y otro sobre los inventos más revolucionarios. Y luego, para ponerle el condimento adecuado, uno sobre los grandes canallas y las grandes palabras. Al final tenemos que hablar, por mucho que nos pese, del fin del mundo, pero, para que esto no aflija a los lectores, a continuación les esperan unas cuantas ideas sorprendentes sobre contextos históricos.

En este libro usted notará la ausencia de muchos nombres, sucesos y datos, pues no se trata de un manual de historia universal. En cualquier caso, lo que aquí interesa no es una relación de fechas de batallas y revoluciones o de nombres de diferentes gobernantes. No creo siquiera que a alguien le interesen los atenienses que vivieron hacia el año 400 a. C. o las inquietudes de los romanos allá por el año 10 d. C. Lo que en efecto interesa de la historia son las preguntas que se plantean para nosotros al contemplar la Atenas antigua y la importancia que, en la actualidad, tienen para nosotros las respuestas a las preguntas que aquellos hombres se formularon. Según Tucídides, la historia no es otra cosa que una clase de filosofía en base a ejemplos. Le ruego entonces, lector, que se atenga más bien a encontrarse con ejemplos del pasado que nos conciernen hoy en día, y no espere una especie de compendio u obra de consulta.

Otra advertencia: no va a encontrar en este libro ni un solo pensamiento que sea exclusivamente mío. Aunque, a este respecto, hay que poner al lector sobre aviso en cuanto a pensamientos originales. Quien haya leído a Spengler y a Marx, dos de los últimos pensadores que han intentado lanzar teorías históricas originales, sabe lo que quiero decir. Ese tipo de discursos caen rápidamente en la charlatanería. Para Marx, el hombre solo tiene que ser liberado de sus cadenas, luego todo irá bien para él. Para Spengler, las civilizaciones son como frutos de vida limitada: se conservan unos mil años desde que florecen hasta que se pudren y luego se hunden; todo sigue una trayectoria fatal. Entonces, con seriedad mesurada, hago voto de no exponer aquí tesis originales. Todos los pensamientos esenciales acerca del hombre han sido generados cientos, qué digo, miles de veces antes de mí. El mundo es ahora tan viejo y tantos hombres ilustres han vivido y pensado durante tantos siglos que pocas novedades se pueden encontrar o decir. El último pensamiento es mío, pero la manera como está formulado la encontré en un escritor llamado Goethe. ¿Ya no me pertenece? Para prever cualquier *guttenbergización*, confieso ya aquí, para curarme en salud, que soy un enano en hombros de gigantes. Y así tiene que ser.

Al final del libro encontrará usted una breve visión de conjunto; estoy especialmente agradecido a todos los que me han ayudado, a Jan Assmann en el tema de los tiempos más remotos, al gran Moses Finley en el de la Antigüedad, a Peter Brown en el de la antigüedad tardía. En lo referente a la Edad Media conté con Jacques Le Goff, desgraciadamente ya fallecido, a los 90 años. Los libros y las clases del gran historiador de la civilización y del pensamiento, el berlinés Alexander Demant, han sido mi guía. También me he dejado orientar por Norbert Elias, Karl Jaspers, Karl Popper e Isaiah Berlin porque los sociólogos y filósofos son, al fin y al cabo, los historiadores más competentes. A Isaiah Berlin, seguramente el más importante pensador liberal de nuestro tiempo, tuve ocasión de visitarlo en su despacho de Oxford, poco antes de que falleciera, y discutir con él sobre ilustración y liberalismo. Pero quien más información me ha aportado ha sido mi amigo Yuval Harari, profesor en la Universidad de Jerusalén. Sin su libro *Sapiens*,* este que usted tiene en las manos no existiría. Cuando acudí a verlo en otoño de 2014, Yuval acababa de terminar la escritura de *Sapiens*. Recibí de él valiosos consejos para este libro.

* Yuval Noah Harari, *Sapiens: de animales a dioses. Una breve historia de la humanidad*, Madrid, Debate, 2014.

CÁSCARA DE NUEZ

(4.500 millones de años a cámara rápida)

> El ardiente Indo bebe el agua del helado
> Araxes; el Persa, las aguas del Elba y del
> Rin. La diosa de los mares Tetis revelará
> nuevos orbes, ya no será Thule el confín
> de las tierras.
>
> SÉNECA

El comienzo de la historia se narra rápido; nadie conoce lo que había «antes». En cambio, lo que sucedió después, hace aproximadamente trece mil millones de años, se sabe con bastante exactitud: un cosmos de dimensiones mínimas revienta liberando un máximo de energía, sus fragmentos se expanden y se alejan los unos de los otros como si estuvieran en la superficie de un globo que se va hinchando. Surgen el espacio, la luz y el tiempo. Nadie puede decir por qué sucedió tal cosa; no obstante, la distancia de los fragmentos, que todavía se desplazan de forma explosiva, permite inferir que, en efecto, sucedió e incluso determinar cuándo.

Saltémonos el asunto un tanto inquietante del Big Bang y también la larga, muy larga historia del nacimiento de la tierra. El vuelo centrífugo del cosmos da lugar, gracias a la gravitación, al surgimiento de bolas de gas y estrellas. Nuestro sol, un diminuto astro fijo, apareció hace alrededor de cinco mil quinientos millones de años. Nuestra tierra, que gira fielmente alrededor del sol, es solo unos mil millones de años más joven y ha sido, la mayor parte de este tiempo, un lugar bastante inhóspito. Durante más de cuatro mil millones de años todo ha ardido y burbujeado sin parar. En tres mil quinientos millones de años, tiempo en que que transcurrió la mayor parte de la historia de la tierra, nuestro planeta fue una sopa primigenia con algas dentro. Uno no quiere saber lo que decían por aquel entonces en el telediario de la noche...

Hace unos quinientos millones de años ocurre algo extraño: surge la vida. La llamada explosión cámbrica. De forma fulminante —según las dimensiones temporales objeto de nuestra observación— aparecen plantas terrestres, animales de caparazón duro, los primeros pececillos, anfibios, insectos y finalmente reptiles y pájaros. En un lapso de tiempo muy reducido se produce una proliferación, un ajetreo acelerado de seres que se deslizan, reptan, vuelan presentando una variedad y exuberancia nunca vistas. A continuación se suceden algunos impactos de asteroides o cometas, algunas de las especies vegetales o animales mueren dejando espacio para otras.

Rebobinemos hacia delante: los siguientes cuatrocientos noventa y siete millones de años vuelven a transcurrir muy despacio, hasta que hace unos tres millones de años la cosa vuelve a ponerse interesante porque una especie animal presenta un comportamiento llamativo. Algunas especies de monos que, como todos ellos, proceden de un tipo de tupaya insectívora, comienzan a comportarse de una manera extraña. Caminan erguidos y por lo tanto tienen las manos libres. Se desarrollan varias especies de primates. Así como hoy en día existen diferentes razas de perros o de pájaros, durante dos millones de años hubo también diferentes especies de homínidos primitivos. En Europa y en Asia occidental se gestó el hombre de Neandertal. En Asia también existió el *Homo erectus soloensis*, el hombre de Solo, y el *Homo floresiensis*, el hombre de Flores, que en la literatura popular se conoce como el *hobbit*, extinguido hace apenas doce mil años.

El avance técnico que se produjo en el lapso de tiempo comprendido entre tres millones y setenta mil años antes de nuestra era cronológica es asombrosamente lento. Tras la aparición del primer ejemplar de bifaz no hubo durante millones de años un bifaz 2.0. Ni un solo Steve Jobs a la redonda. Muy tarde, allá por el mencionado año

70.000 a. C., una conmutación en el cerebro cata-
pulta hacia delante a una de las muchas especies
de homínidos, al *Homo sapiens*, originario de
África oriental, colocándolo en una posición bastante ventajosa. Uno de sus hándicaps evolutivos
—el hecho de traer al mundo seres prematuros—
favoreció seguramente sus capacidades comunicativas. En lugar de andar recogiendo herramientas de piedra por aquí y por allá, estos seres crean
de repente auténticos talleres. Las capacidades
organizativas y técnicas se disparan. Hablamos,
pintamos, jugamos, hacemos planes, comercia-
mos. Nos convertimos en seres pensantes. Comienza la llamada revolución cognitiva. Nos llega
en un momento en que somos pocos. Varias catástrofes naturales, como los estallidos de volcanes, hacen que 70.000 años atrás quedáramos re-
ducidos a menos de 10.000 exponentes. Esto
quiere decir, primero, que ya en una ocasión estu-
vimos a punto de extinguirnos, y, segundo, que
todos somos parientes cercanos. Desde el punto
de vista genético, la reina de Inglaterra, El Chapo
y Elvis Presley están íntimamente emparentados,
con cada uno de los lectores de estas líneas.

Hace unos doce mil años se produjo la siguiente cesura de gran envergadura: el sedentarismo. Dejamos de dedicarnos exclusivamente a la
caza y la recolección, para sembrar, cosechar y
asentarnos. Probablemente no sin que esto diera
lugar a conflictos significativos entre las culturas

tradicionales, desligadas de la tierra, y las sedentarias. Estas últimas se impusieron porque podían hacer acopio de una mayor cantidad de alimento y almacenarlo. Esto, sin embargo, las obligaba a producir cada vez más para poder alimentar a una población en crecimiento. Desde ese momento ya no hubo vuelta atrás. Una vez el hombre se ha asentado...

Luego pasa todo tan deprisa que apenas se puede asimilar. Con la propiedad llegan los números y la escritura. El sedentarismo implica también una patria que hay que defender. La planificación se hace necesaria y son muchas las cosas que hay que tomar en consideración, hay mucho de qué ocuparse y mucho que vigilar: se requieren murallas, guardas y armas para la seguridad y la defensa; hay que buscar jefes que organicen la defensa, crear reservas de alimentos para una población en crecimiento; el éxito del aprovisionamiento depende del clima. Hay gobernantes que se dedican a ampliar su territorio arrebatándole los excedentes a aquellos que siembran los víveres; entran en liza sacerdotes que creen poder impedir las sequías. La producción de metal fomenta la creciente división del trabajo, surgen las clases sociales, lo que requiere organización. Fundamos ciudades, hacemos guerras, creamos naciones, imperios, acueductos, ruedas dentadas, sistemas de calefacción central, hornos microondas, sociedades anónimas, marcapasos y teléfonos inteligentes.

A partir de la revolución agrícola es habitual enumerar las superpotencias. Se empieza tradicionalmente con los sumerios y asirios, luego se sigue con el relato de la fabulosa Babilonia, se cargan un poco las tintas, mencionando prácticas como la prostitución en los templos y excesos por el estilo; a continuación se describen las recurrentes olas de migración de los pueblos, con las que las tribus de las estepas de Asia y del este de Europa se desplazan hacia el sur haciendo retroceder a otras. Luego nos ocupamos de los persas, de los egipcios, enseguida damos un giro hacia China y al río Indo, hasta que por fin les toca el turno a los griegos y a los romanos. Es muy entretenido, pero al final siempre una tribu nómada acaba venciendo a otra, una civilización desarrollada acaba imponiéndose a otra en algún rincón de nuestro planeta. Más interesante que enumerar estos conflictos es, en realidad, constatar la vertiginosa velocidad con la que culturas completamente aisladas acaban dando lugar a un mundo interconectado. En el siglo XIII antes de nuestra era cronológica, un soberano de Mesopotamia todavía podía decir de sí mismo, sin mala conciencia, que era «rey de las cuatro orillas del mundo». No sabía de la existencia de un rey chino. Y ninguno de los dos sospechaba siquiera que existieran los mayas. Bien podrían haber vivido en diferentes planetas.

En el siglo IV a. C. Alejandro Magno fundó ciudades desde el Mediterráneo hasta el Indo.

Hacia el año del nacimiento de Cristo ya había habido contacto entre pueblos de todo el mundo. Nero enviaba expediciones a las fuentes del Nilo; Tomás, el discípulo de Jesús, predicaba a orillas del Indo. Luego se produjo una ola de conquistas árabes por todo el mundo mediterráneo, y el islam creó un imperio universal multicultural. Y, a finales del siglo i d. C., judíos, cristianos, vikingos y chinos comerciaban transportando mercancías más allá de las fronteras continentales.

En los siglos XII y XIII, después de las cruzadas, el mundo estaba ya tan interconectado que el Papa escribió cartas a los mongoles de China pidiéndo ayuda contra los musulmanes; Europa occidental se inundó de traducciones de antiguos textos griegos procedentes del mundo árabe, hubo universidades comunicadas entre sí, disposiciones legales de validez universal y metrópolis del comercio mundial. El término «contrario a la globalización» es uno de los más tontos al uso. Asimismo podría hablarse de «contrarios al crecimiento de las plantas». Desde hace al menos dos mil años, la interconexión denominada «globalización» está en plena marcha, a un ritmo cada vez más acelerado y de forma irreversible. Muchos de los escritos del especialista en derecho público Carl Schmitt son textos controvertidos, y con razón, pero una minúscula obra suya no lo es, se titula *Land und Meer* [tierra y mar], y la escribió para su hija Anima durante la Segunda

Guerra Mundial. En ella intenta explicarle el
mundo. Schmitt describe la historia de la humanidad como una historia de la superación del espacio.

La más trascendental «revolución espacial»,
como él la denomina, fue el paso de salir al mar.
Primero a lo largo de las costas, luego adentrán-
dose en la desconocida vastedad. Schmitt describe cómo los vikingos, los cazadores de ballenas y
los piratas fueron los primeros en aventurarse
mar adentro. Luego, en los siglos XV y XVI, a través de las rutas que estos exploraron, los estados-
nación emprendieron la conquista de los océanos
sumamente preparados, desde el punto de vista
científico y militar. Es la época de la conquista de
América, del comercio a escala mundial, de los
imperios universales. Se hace realidad la frase del
descubridor Walter Raleigh que dijo: «Quien domina los mares domina el comercio, y quien domina el comercio es dueño de todos las riquezas del
mundo y, en consecuencia, dueño de este». La
categorización basada en las diferentes revoluciones espaciales que propone Schmitt fue tan genial porque era la primera vez en que alguien ponía nombre al fenómeno de la globalización.
Inglaterra se convirtió en una potencia de los mares y, con el invento de las máquinas, también en
la mayor potencia mecánica. La primera máquina de vapor de probada eficacia se creó en 1770
en Inglaterra, al igual que el primer telar mecáni-

co, que data de 1786. En 1804, y también en ese país, empezó a circular la primera locomotora de vapor y fue allí donde por primera vez se transportó a personas sobre los rieles. Gran Bretaña era a mediados del siglo XIX un imperio casi demasiado potente. En 1874 Benjamin Disraeli, quien más tarde sería primer ministro británico, coquetea en su libro *Tancredo o la nueva cruzada* con la idea de que la reina de Inglaterra trasladase la sede de su imperio de Londres a Nueva Deli. Sociedades británicas, como la East India Company, eran por aquel entonces más poderosas de lo que es hoy Google, disponían de ejércitos propios y podían decidir sobre la guerra y la paz. En el cambio del siglo XIX al XX, Estados Unidos va tomando paulatinamente el relevo de los ingleses, sus antiguos colonos.

Para seguir con el pensamiento de Carl Schmitt, los inventos de la telegrafía, la radiofonía y la telefonía, que tuvieron lugar entre 1835 y 1910, supusieron la eliminación de más fronteras espaciales. En 1850 se instalan los primeros cables submarinos que unen Europa y América, en 1866 Siemens construye generadores eléctricos, en 1903 se emprende el primer vuelo con motor. Desde 1913 existen aviones de combate, y, sin transcurrir ni siquiera diez años, la empresa aeronáutica Junkers de Dessau empieza a construir aviones para pasajeros a gran escala; en 1931 la aerolínea Pan Am realiza los primeros vuelos de largo recorrido (de Miami a Buenos Aires). En el año 1969 se produce la caída definitiva de las barreras espaciales con el viaje a la luna y con la primera transmisión de datos entre ordenadores. Hoy en día no hace falta siquiera poner un barco en movimiento o subirse a un avión para lograr un efecto determinado en el otro extremo del mundo o manejar incluso un satélite en el espacio. Basta con un clic de ratón. El mundo entero se ha convertido en uno solo. Hubo épocas en que los habitantes de cada valle fluvial, los miembros de cada tribu tenían sus propios cultos; hubo en todo el mundo métodos distintos para contar, para construir, para enterrar a los muertos. Hoy en día hay religiones universales (en rigor también pertenecen a ellas las promesas de redención estrictamente seculares como el liberalismo democrático); todos usamos, en caso de necesidad, el mismo sistema de pago y vivimos en edificios casi idénticos.

Hoy en día ya no hay ningún lugar en el mundo que no esté en contacto con la realidad común, globalizada. ¿Cuáles han sido los móviles de esta interconexión? Ante todo, el comercio. Y las conquistas. Y la religión. A partir del momento en que a una tribu ya no le es indiferente la creencia de la tribu vecina, la historia adquiere un ingrediente completamente nuevo. Esto empieza a ocurrir aproximadamente a partir del primer siglo antes de nuestra era cronológica. En Europa aparece otro móvil, un turbopropulsor de la interconexión: la ciencia. También las potencias conquistadoras de la Antigüedad, llámense persas o mongoles, ansiaron apropiarse de pueblos y tribus, pero siempre con el fin exclusivo de acumular riquezas. También ellos tenían astrónomos y matemáticos. Pero la diferencia entre los conquistadores europeos de la época moderna y las culturas de Oriente fue la capacidad de los primeros de hacer que una cosa sirviera para otra: poner la ciencia al servicio del comercio y de la guerra, el comercio al servicio de la religión y viceversa. Los navegantes cristianos de los siglos XVI y XVII no persiguieron solo intereses económicos e imperialistas, sino también científicos y religiosos. Las conquistas siempre fueron, al mismo tiempo, expediciones militares o científicas y misiones para la convertir a infieles, que, en principio, siempre llevaron a bordo a clérigos y estudiosos.

El afán cristiano de propagar la salvación, unido a la fuerza de la ciencia y al comercio, creó las condiciones para la conquista del mundo con un asalto perfecto. Sería una pérdida de tiempo discutir acerca de cuál de los factores fue el decisivo. El comercio o la religión. O acaso la ciencia. Lo decisivo fue su entrelazamiento y su acción conjunta. La dinámica a la que dieron lugar fue impresionante: la expansión de Europa hacia América, el primer observatorio astronómico del mundo, el globo terráqueo, mapamundis con cierto grado de exactitud, el correo, el reloj de bolsillo, el de la torre de la iglesia, la imprenta, la pólvora. El arma de fuego convierte la guerra en una máquina de guerra; a los soldados, en material humano. La imprenta también produce explosiones de ideas. Con los tipos de imprenta intercambiables llega el fin de la copia primorosa de los textos antiguos; las posibilidades de combinar palabras y frases son tan inagotables y asequibles para todo el mundo como las tesis y contratesis formuladas.

Comienza la era de las masas. Y del capitalismo. En estos tiempos en que los pensamientos se liberan gracias a la difusión que supone la imprenta, dos hombres, Lutero y Calvino, conciben teorías que explican el universo e introducen un nuevo orden en el mundo. Estos hombres predican que la riqueza no es necesariamente una deshonra y que la cuestión del camello y el ojo de la aguja debe interpretarse de otra manera. Dicen que la riqueza también puede ser una señal de la complacencia divina. Surge entonces una clase que con su éxito económico intenta una y otra vez asegurarse que no irá a parar al infierno. Para demostrar el agrado de Dios, los protestantes invierten su riqueza en sus empresas, en lugar de despilfarrarla en beneficio propio. Así surgen gigantescos imperios económicos. Pero el capitalismo también anima el cotarro en la religión católica y en otras menos contrarias al placer. La producción de artículos de lujo se convierte en un factor económico importante: favorece el ascenso de nuevas capas sociales, de artesanos, especialistas, expertos. Desplaza poco a poco a las viejas élites, que cada vez se ven más rezagadas y en algún momento obligadas a recibir dinero prestado de los nuevos grupos sociales en ascenso. La Revolución Francesa significa luego la toma de poder definitiva por parte de la clase burguesa comercial. Las rebeliones obreras no se producen hasta mucho después. No comienzan hasta cien años más tarde cuando la nueva clase dominante empieza a explotar sus libertades de forma drástica.*

El motor más importante del capitalismo, y por tanto de la interconexión mundial, pasa a ser el sistema crediticio que se origina en Europa. Gracias a él, no solo los terratenientes, con mucho capital para hipotecar, pueden prestar dinero, sino también gente que no posee tierras, pero que en cambio son muy trabajadores y tienen buenas ideas. Y hay otra cosa que también redunda en beneficio del capitalismo europeo: si bien en Oriente Próximo y Lejano también hay gente rica, artesanos y comerciantes, es únicamente en Europa donde por fuerza surge ya muy pronto una especie de seguridad legal. Y digo por fuer-

* Para mayor información, léase a Charles Dickens.

za porque, en este continente, pueblos y grupos muy diferentes tuvieron que arreglárselas para convivir en un territorio muy reducido y estrecho. Las culturas orientales y asiáticas disponían de más espacio y, por lo tanto, había menos ocasión de choque, y en última instancia siempre vencía el más fuerte. La propiedad nunca estaba completamente protegida contra intervenciones arbitrarias. La tradición europea tuvo que ser diferente. En ocasiones, incluso los gobernantes tuvieron que plegarse a la autoridad eclesiástica y viceversa. En Europa diversos poderes, encabezados por el laico y el religioso, estaban en conflicto permanente y esto hizo necesario un sistema legal cada vez más sofisticado. Ya en el siglo XIII los comerciantes europeos gozaron de privilegios especiales, legalmente asegurados. Había salvoconductos, derechos arancelarios, una inspección comercial para controlar la legalidad y honestidad de las transacciones. Esto favoreció el surgimiento de ciudades feriales y casas comerciales. Hoy en día, por lo general, se prefiere hacer inversiones en Suiza y no en Irak, China o Rusia, porque es sabido que en las dictaduras ni las personas ni las mercancías gozan de protección. Los chinos, rusos y árabes que son ricos, prefieren, por su parte, tener el dinero a orillas del lago de Ginebra y construyen casas en la avenida Bishop de Londres, en lugar de invertirlo en fábricas en sus países.

Desde su expansión a América, la «máquina europea» de transformación del mundo no solo lo ha convertido en una aldea global —todo aeropuerto, todo hotel, toda cadena de supermercados en cualquier lugar del planeta tiene un aspecto idéntico a los demás—, sino que también hemos reducido las distancias. Y hemos proliferado. Hacia la fecha del nacimiento de Cristo había apenas trecientos millones de personas en la tierra. Hacia 1700, al comienzo de la era industrializada, se alcanzó por primera vez una cifra algo superior al doble, y en 1900 la cifra había vuelto a doblarse llegando a los 1.600 millones. Desde 1970 hasta nuestros días, la población mundial se ha multiplicado hasta llegar a los 7.300 millones. Con una tasa de mortalidad invariable. Si nuestros avances médicos siguen produciéndose a un ritmo tan acelerado, el espacio se hará literalmente estrecho. Al fin y al cabo todos quieren comer y necesitan energía, quieren televisión y sistemas de aire acondicionado. Y eso que nuestro planeta ya es algo así como una mezcla de basurero y centro comercial. En muchos lugares, recursos como el agua potable ya son escasos. Para decirlo en palabras de Karl Jaspers: «Este salto del ser humano que tiene como consecuencia la historia puede ser entendido como desgracia [...] Todo lo que genera historia acaba por destruir al hombre; la historia es un proceso de destrucción con la apariencia de unos, quizá espléndidos, juegos artificiales».

Pero también hay momentos felices. A nivel mundial la esperanza de vida es más alta que nunca; vencemos enfermedades; la mortalidad infantil es la menor que ha habido nunca, y, por ejemplo, al juzgar por la ingesta de calorías que le corresponde a cada ciudadano del planeta, a la población, hoy, le va mucho mejor que hace dos mil, mil y cien años atrás. Ochocientos millones de personas viven en extrema pobreza; esto quiere decir que disponen de menos de 1,25 dólares al día. Pero son la mitad de los que había en 1990. La clase media trabajadora del mundo entero se ha multiplicado por tres en el mismo período de tiempo. La razón de que esto sea así radica sobre todo en el progreso de China e India. Incluso hemos ganado en decencia. Hace mil años era absolutamente normal que una tribu atacara a otra y la masacrara. Si hace quinientos años se cometía un etnocidio en algún lugar del planeta, no nos enterábamos. Si hoy en día un dictador se hace responsable de un genocidio, esa noche no se habla de otra cosa en la televisión y el susodicho termina en el Tribunal Internacional de la Haya. En la Inglaterra del siglo XVIII uno podía ser ahorcado por carterista. A alguien que paseara tranquilamente en carruaje por la Weimar de Goethe podía ocurrirle que durante su recorrido se topara con varios colgados. Hace cien años aún era normal que un país invadiera a otro. Hoy en día eso provoca una crisis internacional. La cifra de víctimas de guerra alcanza la cota más baja de todos los tiempos. Podemos ir a dormir tranquilos cada noche sin tener que temer un ataque del pueblo vecino, al menos así es en nuestras latitudes, a donde hoy en día acuden personas huyendo en busca de seguridad. En la mayor parte del planeta vivimos una época ejemplarmente pacífica, comparada con otros tiempos, y exenta de violencia.

En lo que al llamado progreso se refiere, existen, a grandes rasgos, dos teorías. Una dice así: hasta el momento el ser humano siempre ha podido confiar en su ingenio. Ante situaciones de necesidad existencial siempre ha reaccionado con innovaciones sorprendentemente geniales. No hay razón para suponer que en las próximas crisis vaya a ser diferente. Si el espacio en la tierra escasea, quizá se pueda crear una colonia terrenal en Marte o en otro sitio, quién sabe. La otra teoría dice: el progreso nos lleva directamente a nuestra autodestrucción; algunos la conocen como la «teoría del pavo». Se denomina así porque en Estados Unidos es costumbre comer en familia un pavo enorme el Día de Acción de Gracias; este pavo se piensa que tiene una vida estupenda porque cada día le dan de comer y cree que los humanos solo desean su bienestar. Su confianza aumenta a medida que lo alimentan. Cuando más seguro se siente es el día antes de Acción de Gracias...

2

LOS MOMENTOS BIG BANG DE
LA HISTORIA UNIVERSAL

(Los acontecimientos más importantes solo se
reconocen *a posteriori*, cuando es demasiado tarde)

> Nunca he vivido un accidente de consideración. En todos los años que llevo en el mar solo he visto una única vez un barco en dificultades. Nunca he experimentado un naufragio ni una situación de peligro que hubiera podido conducir a una catástrofe.
>
> EDWARD JOHN SMITH,
> comandante del Titanic

Como consumidores de noticias que somos, estamos acostumbrados a no perdernos acontecimientos importantes. Y eso que las cosas que revisten mayor importancia suceden sin que se produzca una alerta de última hora. Adjudicamos, *a posteriori*, datos y fechas a los distintos acontecimientos y, de esta manera, escondemos

el hecho de que dichos datos en realidad son símbolos necesarios para explicar más tarde sucesos
que se desplegaron de forma inadvertida. Luego
decimos: «El 14 de julio de 1789, el *quatorze juillet*, se produjo la toma de la Bastilla», y enseguida tenemos ante los ojos imágenes de revolucionarios furibundamente decididos que ondean la
tricolor. En realidad, el día en cuestión apenas
una docena de prisioneros ocupaban la Bastilla,
entre ellos un depravado, el conde de Solages, y
un irlandés con larga barba blanca que afirmaba
ser Julio César. En aquel día, en principio tan
dramático, el rey de Francia Luis XVI acudió
como cada mañana a misa, desayunó copiosamente y por la noche escribió en su diario:
«Rien». Nada. Se refería a su botín de caza.

El que ha sido quizá el mayor punto de inflexión de la historia de la civilización, la revolución agrícola, se desarrolló a través de cientos de
generaciones. La revolución cognitiva, el mayor
hito de la humanidad, necesitó miles de años y,
sin embargo, considerando el lapso de tiempo
que aquí se examina, parece misteriosamente repentina. La historia conoce, por lo visto, momentos big bang, impulsos aceleradores, pero no se
les reconoce hasta que media la debida distancia
temporal. Esto hace que, por ejemplo, un problema actual, como el cambio climático, se convierta también en un reto psicológico. Hans Joachim
Schellnhuber, la autoridad más importante en la

investigación de las consecuencias de este fenómeno, dice: «El cambio climático es como un impacto de asteroide en cámara superlenta». Por eso nuestros reflejos de defensa humanos no funcionan. Nuestros cerebros, por lo visto, están estructurados de tal manera que no procesamos bien aquello que sucede de forma latente; en cambio, ante catástrofes repentinas, reaccionamos con ingenio asombroso. Cuando nos disponemos a enumerar los sucesos más importantes de la historia universal conviene tener presente esta fijación por macroacontecimientos dignos de titulares.

LA REVOLUCIÓN COGNITIVA

La revolución cognitiva ha de encabezar toda historia de la humanidad, pues con ella el hombre empieza a ser humano. Sin embargo, hay que tener claro que la pregunta más importante a este respecto necesariamente queda sin respuesta. La pregunta de por qué precisamente el hombre se convirtió en *hombre*. Suena absurdo, pero es la cuestión crucial. La palabra hombre, según algunos, viene del latín *mens*, «memoria, entendimiento, facultad mental». La facultad mental, es decir, la capacidad de expresar con palabras no solo lo que vemos sino también lo que imaginamos, la posibilidad de atenernos conjuntamente a reglas y planes, y de hacer todo esto de manera consciente, se lo debemos a una conexión sináptica que bien podría haberle tocado en gracia a otra especie de primates o incluso a otra especie animal completamente diferente. ¿Por qué le sucedió esta sinapsis precisamente al *Homo sapiens* y no, por ejemplo, al hombre de Neandertal? ¿Por qué no pueden tener también intelecto las hormigas o los canguros? Esto es más asombroso que lo ocurrido con otros recursos —las alas, por ejemplo—, que se extendieron resultando comunes a varias especies. ¿Por qué fue justamente el *Homo sapiens* el preferido de la naturaleza, de la evolución? Este porqué ha de quedar sin respuesta. Entretanto, el cómo ha sido esclarecido: tiene que ver con el sexo.

Lo que sucedió en nuestros cerebros hace aproximadamente setenta mil a cuarenta mil años ha sido durante mucho tiempo un enigma para la ciencia. Solo se sabía que después de unos dos millones de años de relativa parálisis, tiempo en el que las capacidades técnicas y sociales permanecieron prácticamente constantes, una especie de primates —la nuestra— se muestra de repente muy ingeniosa, y a partir de ahí las innovaciones aumentan rápidamente. Se sospechó durante mucho tiempo que una mutación en el cerebro había sido el desencadenante de este desarrollo explosivo. Mientras tanto se sabe, incluso con cierta exactitud, qué sucedió en nuestras mentes. Enseguida lo desvelaré, lo prometo, pero, para entenderlo, quedémonos primero con esta imagen: la historia de nuestro planeta es una historia de la interconexión. También nuestra mente es un cosmos en el cual la interconexión desempeña el papel decisivo. Quien es inteligente puede pensar de forma asociativa, es capaz de relacionar las cosas.

Un cerebro actúa, comparado con un ordenador, con facultades distintas, que funcionan independientemente las unas de las otras. En un área de la mente están los ámbitos responsables de la competencia social; con ellos podemos, por ejemplo, interpretar si alguien mira amablemente o pone cara de pocos amigos. En una zona están los mandos para la producción de herramientas; en la otra, está nuestro conocimiento de la naturaleza. Con él podemos interpretar el tiempo, distinguir los animales inofensivos de los peligrosos y demás. Durante cientos de miles de años estos centros de competencia se desarrollaron independientemente los unos de los otros. Hace setenta mil a cuarenta mil años, es decir, en un lapso de tiempo muy reducido desde el punto de vista de la historia de la evolución, estas regiones cerebrales dejan de actuar aisladamente y entran en contacto entre sí. A partir de ese momento comienza la función: se produce un aumento explosivo de las capacidades organizativas y comunicativas; en lugar de bifaces, hay talleres de bifaces, y las herramientas son cada vez más complejas. Dentro del grupo hay atribuciones, reparto de trabajo, se crean jerarquías. Aparecen los adornos y la pintura. ¡Y la música!

¿Por qué no fue así desde el principio? Para un programador informático es fácil comprender la respuesta. Para escribir un programa informático complejo, no se sobrecarga desde el principio con funciones y conexiones. Primero se crea una base simple para que el programa empiece a funcionar. Únicamente después se le van añadiendo tareas más complejas de acuerdo a un sistema de unidades de montaje. Y únicamente cuando todos los módulos marchan de forma independiente los unos de los otros, al final de todo, se procede a interconectarlos. Pero, solo a partir del momento en que las áreas de competencia para el conocimiento social y de la naturaleza entran en contacto, la cosa se pone interesante. Desde el punto de vista biológico-evolutivo este paso nos fue impuesto por las mujeres. Si una mujer *sapiens* de la época primitiva, por ejemplo, daba a entender: «Tráeme un oso a casa, luego me dejo poseer», el macho tenía que establecer en su cerebro una conexión entre el centro social y el práctico. Los hombres que comprendieron que podían hacer uso de sus habilidades prácticas en la naturaleza para obtener ventajas sociales eliminaron la separación entre los distintos centros de competencia en el cerebro haciéndose así con una ventaja selectiva.

A partir del momento en que tiene lugar esta interconexión, la ciencia deja de denominar al hombre *Homo sapiens* para llamarlo *Homo sapiens sapiens*. Gracias a esta interconexión en su cerebro, el hombre tiene una lengua rica en matices. Los animales también poseen la capacidad de alertarse mutuamente, incluso diferenciando los distintos peligros. Pero el ser humano no solo es capaz (como describe muy bien Harari) de gritar: «Cuidado, león a la vista», también puede dibujar su imagen en la pared y decir cosas como: «El león es el espíritu protector de nuestra tribu». Puede crear realidades con palabras, puede comunicarse y relatar sucesos ocurridos en el pasado o hablar de los que van a ocurrir en el futuro. Puede hablar del otro. Puede cooperar en grupos grandes, actuar colectivamente según reglas acordadas, establecer leyes en las que todos creen (o tendrían que creer), y construir ciudades, reinos y consorcios. Solo a partir de la revolución cognitiva se puede hablar de una historia del hombre; antes no éramos más que una de las muchas especies de habitantes talentosos del reino animal. El período de la revolución cognitiva, que comenzó hace unos setenta mil años, hasta la revolución agrícola, que se inicia hacia el año 12.000 a. C., es el más largo y tal vez el más exitoso de la historia de la humanidad, y no obstante a este lapso de tiempo, nada menos que cincuenta y seis mil años, se le dedican en la mayor parte de los libros de historia, incluido este, apenas unas cuantas frases. La historiografía, en el sentido europeo, comienza a partir del momento en que el hombre se hace sedentario, se fundan civilizaciones y surgen imperios.

LA REVOLUCIÓN AGRÍCOLA

La revolución agrícola es el inicio del ascenso del hombre a la condición de soberano del mundo. Mientras el hombre recorre la tierra como cazador y recolector de bayas y nueces desempeña un papel secundario en la historia del planeta. El papel principal se lo agencia cuando empieza a asentarse, a remangarse y a ser agricultor. El momento en que el hombre descifra los misterios de la naturaleza y los manipula de tal manera que el alimento no se agota y, si es hábil, puede generar excedentes, marca el comienzo de la historia de su progreso. No extraña pues que este paso se represente de manera gráfica en nuestras grandes leyendas como desafío directo del poder divino. Adán y Eva ya no querían ser solo criaturas, sino creadores, querían poder decidir por sí mismos acerca de la vida y de la muerte, de lo bueno y lo malo. El león ya no era un enemigo al que se temía, sino un rival que le disputaba al hombre el alimento y que había que eliminar. El hombre decidía qué cereales debían crecer, y qué bosques y mala hierba había que eliminar. La historia de

Caín y Abel es la que refleja de forma más drástica el drama de la historia universal que tuvo lugar en la transición del nomadismo a la vida sedentaria de la agricultura. Abel era pastor de ovejas; Caín, agricultor (Génesis 4, 2). Quién se impuso a quién y cómo es de sobra conocido. Lo interesante, dicho sea de paso, es que la historia de Caín y Abel está contada claramente desde la perspectiva de los «abeles» de este mundo, de las víctimas. La historia es un intento humano de explicar qué motivó a los hombres que con sus expansiones combatieron las culturas tradicionales, las desbancaron y, en parte, las exterminaron. Desde la perspectiva de las antiguas culturas tribales, el extraño y cruel comportamiento de los nuevos hombres, por lo visto, solo se explicaba por el hecho de que eran seres malditos.

Desde «la expulsión del paraíso», como podemos llamar también a la revolución agrícola, el hombre ya no está a merced de la generosidad de los dioses para la consecución de su alimento. Asume las riendas del asunto, puede hacer acopio de víveres, la vida ya no es un mar de privaciones, pero paradójicamente es más dura. Con el sedentarismo y el aumento de la cantidad de alimento crece también la población. Hay que producir cada vez más. Se acaba el ocio. La casi trágica paradoja de la revolución neolítica es el hecho de que supusiera una mejora significativa del nivel de vida y, no obstante, condujera a una existencia llena de duros trabajos físicos. Y es que el cuerpo humano no está hecho para transportar toneladas de agua y labrar la tierra. La agricultura significó cada vez más bocas que alimentar y también una explosión demográfica en un espacio reducido y, por lo tanto, con propensión a los gérmenes y a las enfermedades infecciosas. La agricultura significó que quien fuera capaz de producir excedentes tendría ventaja sobre aquel que no lo hiciera. Esto generó a su vez codicias. Con los siglos surge la clase de los que tienen y la masa de los que quieren. Y quien almacena su cereal en el silo del que mucho tiene recibe a cambio un comprobante: dinero. La agricultura significó también un empuje tecnológico. Los mejores inventores ya no tienen que cazar para obtener alimento, hacen aquello que saben hacer: herramientas útiles para la agricultura, armas, joyas para los líderes.

Según el economista Yanis Varoufakis,* la pesadilla de los eurócratas, las dos grandes revoluciones de la humanidad, la agrícola y la industrial, resultaron ser, a la postre, un fracaso bastante grande. Ambas habían de facilitarnos la vida, y por el contrario nos convirtieron en esclavos de nuestra comodidad. La revolución agrícola condujo a la labranza y la servidumbre feudal, la industrial nos constriñó entre las ruedas de un

* Yanis Varoufakis, *Time for Change*, Munich, Carl Hanser Verlag, 2015.

engranaje, como en *Tiempos modernos* de Charlie Chaplin. Aunque sea Varoufakis quien haga esta afirmación, por desgracia no está tan desencaminada. ¿Quién puede negar que el hombre moderno vive de forma «antinatural», echa a perder su cuerpo y su alma y se siente prisionero en una red de obligaciones y coerciones? El sociólogo Norbert Elias, cuyo tema era el nacimiento de la civilización, define el grado de progreso en función del grado de nuestras dependencias mutuas. Cuanto más entrelazadas están nuestras vidas, tanto mayor el grado de progreso. A partir de un punto determinado simplemente ya no fue posible apearse de la sociedad agraria primitiva, por razones de comodidad y sobre todo porque ya se era parte de una comunidad compleja, mutuamente dependiente, con obligaciones, reglas y convenciones.

Los humanos no desistieron del plan de la agricultura cuando resultó ser fatigante porque la trampa —y de nuevo estamos ante un caso imperceptible de Big Bang— se cerró sin hacer ruido. Todo aconteció según lo previsto: el tránsito del hombre que recolecta trigo virgen al que procesa el trigo sembrado sucedió tan lentamente que la gente no lo percibió. Primero solo se sembraron pocas cantidades, luego cada vez más. Después hubo paulatinamente más niños que antes. Unas cuantas generaciones más tarde, ya nadie sabía cómo eran las cosas cuando aún no se cosechaba el trigo. En el año 1364, cuando en Augsburgo apareció por primera vez un reloj de campanario que señalaba la hora en punto con un toque de campanas, tampoco nadie tenía claro que un día eso traería consigo estrés de agenda y control externo de nuestras vidas. Y cuando por primera vez tuvimos un teléfono móvil en la mano aún era un lujo...

Supuestamente ha habido civilizaciones que, después de haber seguido la senda del progreso, han dado vuelta y media desandado el camino. Supuestamente hace mucho tiempo en el suroeste de Estados Unidos existió la llamada cultura *hohokam*: indios que siglos antes de la llegada de Colón a América ya conocían los acueductos, la agricultura sistemática y el comercio. Luego, según dice la leyenda, todos juntos decidieron volver a vivir sin los recursos modernos... Y desaparecieron de la faz de la tierra. *Hohokam* quiere decir, en la lengua indígena americana de los pimas, «los que se fueron sin dejar rastro».

Se trata, como ya dije, de una leyenda, pues el camino que se emprendió con la revolución agrícola era irreversible. El plan de batalla del hombre para dominar la naturaleza sigue vigente. No tenemos otra alternativa que seguir transitando por esa vía. Es nuestra naturaleza humana. Hasta que hayamos alcanzado la dominación absoluta. ¿Hasta que hayamos resuelto todos nuestros problemas?

OTROS PUNTOS CLAVE

Si uno se pone a observar las encrucijadas más importantes de la humanidad obviamente no puede parangonar la revolución cognitiva, fundamento de nuestro ser en tal que seres humanos, y la revolución agrícola, fundamento de nuestra civilización, con unas cuantas conquistas, descubrimientos o catástrofes naturales. Comparados con estos momentos cruciales, los últimos parecen notas a pie de página. Todo lo acaecido a continuación: la explosión del conocimiento en la época de la Ilustración, las máquinas, el viaje a la luna, la descodificación del genoma humano, los seres humanos optimizados genéticamente, las personas biónicas... son consecuencias de estas dos grandes revoluciones. Aun así, vale la pena echar un vistazo rápido a otros momentos decisivos, aunque solo sea para mostrar que los grandes acontecimientos siempre se reconocen como tales *a posteriori*.

Las olas migratorias del primer milenio fueron uno de estos momentos fuertemente incisivos. Producen en Europa un importante mestizaje étnico, las cartas se barajan de nuevo: el contacto con Roma hace de los salvajes germanos gente fina que lleva togas, habla latín, se acomoda en mullidos divanes y se adjudica títulos nobiliarios del antiguo Imperio Romano. Surgen linajes principescos y formas primitivas de Estado. Lo que

nace durante el primer milenio de nuestra era se
ha mantenido, en esencia, hasta nuestros días.
Todos los países de la actual Europa atribuyen
sus raíces a comunidades que se formaron entre
el año 500 y 1000 d. C. Y, sin embargo, la gente
no ha tomado suficiente nota. La fecha oficial de
la caída de Roma es el año 476 d. C. ¿Acaso la
abdicación del último emperador romano fue
primera noticia en el telediario? Última hora:
¿Romulos Augustus desbancado? Más bien no.
El cambio sucedió de forma latente, continua, sin
ser apenas perceptible. Quizá algunos refunfuña-
ron porque los populares baños públicos fueron
perdiendo paulatinamente en calidad y servicio,
y cada vez fue menos corriente arrojar seres humanos a los animales salvajes en grandes plazas
para mero entretenimiento de los espectadores,
pero en general poco se percibió del supuesto
gran cambio. Otros momentos cruciales de la historia universal fueron significativamente más
perceptibles para quienes los vivieron, la peste en
el siglo xiv, por ejemplo. Dos tercios de la población de Europa fueron borrados del mapa. Ese
punto de inflexión lo sintió todo el mundo, pero
lo verdaderamente decisivo no se vio sino hasta
después. La omnipresencia de la muerte repentina causó una perturbación en la psique europea
que no solo tuvo lados sombríos: la muerte tiene
una potente fuerza igualadora; la peste también
supuso un despertar a la democracia. Lo atesti-

guan los motivos grotesco-jocosos de danzas de la muerte de la época en los que aparecen los esqueletos de campesinos, mendigos y gentilhombres cogidos de brazos.

Otro ejemplo es la Guerra de los Treinta Años. También un momento crucial terrible, pues las guerras de religión —también eso se sabe *a posteriori*— desencadenaron una devastación tal que se tuvieron que renegociar todos los fundamentos del Estado, la religión y la convivencia social. ¿Fue la Ilustración el resultado de este proceso? Todo el saber del mundo había de estar a disposición de todos, esta era la pretensión. Todo el mundo debía poder formarse una opinión propia. La tabula rasa intelectual que tuvo lugar tras las guerras de religión facilitó en todo caso el nacimiento de la Europa moderna, altos vuelos del intelecto en el arte, la ciencia y la técnica. Las catástrofes y conflictos que, vistos en retrospectiva, actúan como atizadores del fuego del progreso son una de las paradojas del ascenso de Europa y de sus colonias hasta convertirse en motor y señor de la unificación universal. China fue en el siglo XV el país más rico y progresista del planeta. Y el más estable. También el mundo musulmán, en la Edad Media mucho más avanzado que Europa, no tuvo a la larga la fuerza para hacerse con la supremacía en el mundo y cedió el terreno a los europeos. Hablaremos más tarde acerca de por qué sucedió esto así. Una cosa tiene que quedar clara tras esta visión de conjunto: cuanto más importantes son los sucesos, más tardamos en dilucidar su importancia. Algunas revoluciones no tienen fecha.

Sin embargo, puesto que hay que cumplir las promesas, paso a enumerar aquí los 10 acontecimientos más importantes de la historia de la humanidad:

1. La revolución cognitiva: Acaecida hace cerca de setenta mil a cuarenta mil años. Debemos la facultad de pensar, planificar, hablar y la capacidad de hacer realidad cosas que imaginamos a la interconexión que hay en nuestra mente. El *Homo sapiens sapiens* coloniza amplias partes de la tierra, desplazando a otras especies de homínidos.

2. La expulsión del paraíso: También conocida como revolución agrícola o neolítica. Empezó hace casi doce mil años en Oriente Próximo. El hombre manipula la naturaleza. El excedente conduce al almacenamiento y ambos a que se escriba, se hagan cuentas y se comercie. Los sedentarios se imponen a los nómadas, que son inferiores en número, lo cual conlleva el ascenso de las ciudades y los imperios.

3. La migración de los pueblos: En el primer milenio unos advenedizos avanzaron hacia la periferia del continente euroasiático, con

ello (y con la propagación del cristianismo y del islam) vuelve a partirse la baraja, el Imperio Romano retrocede en favor de nuevos y poderosos reinos y estados. Surge la Europa moderna.

4. Tabula rasa: La peste, en los siglos xiv y xv, obliga a Europa a comenzar de nuevo. Con tasas de mortalidad de hasta el 50 por ciento era extraño que el orden y el Estado no se colapsaran por completo. Pero la visión del mundo que tenía el hombre cambió.

5. El descubrimiento de América: El comienzo del excepcional impulso expansionista de los europeos. A partir del siglo xv, algunas potencias europeas consideran a algunos países extranjeros como bienes mostrencos. La legitimación viene dada por la Iglesia. Surge el nuevo orden mundial.

6. La revolución científica: El siglo xvii se convierte en la época de las ciencias naturales y la técnica, de la Ilustración y de la economía de mercado a escala internacional. Cada nuevo invento es en sí una revolución; inventos realizados por otros (pólvora, papel) son perfeccionados e industrializados en Europa.

7. La Revolución Francesa: Una revolución de la burguesía (¡no del pueblo!) contra la nobleza. Pero tampoco la burguesía puede gozar durante mucho tiempo del poder recién adquirido. El año 1789 desencadena tal con-

catenación de revoluciones económicas, científicas, técnicas e intelectuales que los dos siglos posteriores a esta fecha probablemente algún día serán considerados una gran revolución.

8. La Revolución Industrial: La primera máquina de vapor empieza a funcionar a partir de 1769. En el transcurso de un siglo, los europeos —y la que fuera antaño su colonia, América— convierten el planeta en una enorme sociedad de mercado globalizada.

9. El alunizaje: En realidad, otro paso lógico en la expansión, pero este suceso del año 1969 podría cobrar importancia a medio plazo.

10. La revolución digital: En la misión Apollo 11 del año 1969 el ordenador de a bordo podía procesar cuatro kilobyte. Cualquier reloj para medir la cocción de un huevo tiene hoy mayor potencia. Entretanto, se investiga la posibilidad de crear ordenadores que tengan la capacidad de aprender y programar por sí mismos. No se puede prever lo que esto significará.

3

POR FAVOR,
¿CÓMO SE LLEGA AL CENTRO?

(Sobre el ascenso y el declive de las ciudades más
importantes del mundo)

> Pido a la ciudad en la que viva: asfalto,
> lavado de calles, llaves para los portales,
> calefacción por aire, conducción de agua
> caliente, ruido. Acogedor soy yo mismo...
>
> KARL KRAUS

Hace cuatro mil años el gobernante de Acad en
tierras de Mesopotamia del actual Irak se denominó a sí mismo, por ley, «soberano de los cuatro confines de la tierra». Hoy ni siquiera sabemos el tamaño que tenía su reino; se cree que
correspondería más o menos a la mitad de Bélgica. Como jefe de un gran banco en Manhattan,
uno puede reinar en la actualidad sobre Wall
Street desde un septuagésimo piso y mirar al
mundo desde las almenas de su tejado sin sospe-
char que, desde hace tiempo, viene preparándose

una opa en el trasfondo y los hilos ya no se mueven en Nueva York sino en Shanghái o en Catar.
Si uno observa los cambios de lugar que han ex-
perimentado los centros mundiales, obtiene una
imagen geopolítica del transcurso de la historia
de la humanidad, del auge y la caída de las civilizaciones desarrolladas.

Hace ocho mil años, en la región donde debió
de estar situada Acad, existían ya las primeras ciudades. En un principio solo eran pueblos grandes, luego hubo cada vez más división del trabajo, especialización, jerarquías. A la franja de
tierra fértil entre el Éufrates y el Tigris se le sigue
llamando hoy en día Mesopotamia, la tierra entre ríos. Hace aproximadamente seis mil años,
unas cuantas ciudades del lugar se unieron en
una alianza que se llamó Sumeria. Quien ostentaba por entonces la soberanía universal, es decir, quien gobernaba en Mesopotamia, por lo general, era expulsado del norte al cabo de unas
cuantas generaciones por una coalición de pueblos nómadas belicosos. A los sumerios les siguieron los gutis, los casitas, los hurritas, los
amorreos. Probablemente nunca ha habido guerras tan crueles en la historia de la humanidad
como las de esa época: las escrituras cuneiformes
rebosan sangre... Los amorreos fundaron la primera metrópolis, Babilonia. A los babilonios los
desbancaron los asirios; su imperio fue el primero con un funcionariado organizado, un ejército

y una corte real. Su Nueva York se llamaba Níni-
ve. Fueron de una crueldad inconcebible. Entre
sus ritos figuran el sacrificio humano, más exactamente el de niños, y ya en el siglo III a. C. practicaban una estrategia que consistía en deportar
pueblos enteros para convertirlos en esclavos,
igual que Stalin en el siglo XX. Así conseguían
mantenerlos dominados. Luego, los mismos asirios fueron derrotados por uno de los pueblos
que habían oprimido, los caldeos. Por un lado, a
estos les corresponde un lugar de honor en la historia universal porque inventaron las matemáticas y fueron pioneros en la astronomía y la cro-
nología, y por otro, hay que decir también que
fueron especialmente crueles. Su rey Nabucodo-
nosor destruyó una ciudad muy famosa: Jerusalén. Había conservado la tradición de los asirios
de deportar a pueblos enteros.

Babilonia tiene que haber sido en su día muy
atractiva. Es el prototipo de la gran metrópolis
pecaminosa: comerciantes, prostitutas, guerreros, sacerdotes, princesas, todos apretujados
en un mismo lugar, por todas partes comercios,
palacios, altares, templos. Un continuo festejar,
comerciar, sacrificar. Durante unos dos mil años
Babilonia fue la capital del mundo. La puerta
principal de la muralla de la ciudad, la Puerta de
Istar, con sus leones y monstruos, se puede visitar en el Museo de Pérgamo de Berlín. Quien
quiera saber más acerca de cómo acabaron Ba-

bilonia y los caldeos tiene que leer la poesía de
Heinrich Heine sobre su último rey («en esta
misma noche Balthazar fue muerto por sus sier-
vos») o mirar el cuadro de Rembrandt que representa el momento durante un banquete en
que se le aparecen al tirano las palabras hebreas
«מנא, מנא, תקל, ופרסין» («Mene mene tekel uphar-
sin») escritas a fuego en la pared. Solo un prisionero judío fue capaz de traducirlas: «Tus días
están contados».

Con las civilizaciones desarrolladas llegó al
mundo la muerte sistemática. Pero una y otra vez
hay épocas de respiro. Y pasos civilizatorios hacia delante. La fuerza determinante tras los babilonios fueron los persas. Estos pasaban casi por
justos y moderados, en comparación con los pueblos de entre los dos ríos. También fueron ellos
quienes, tras su conquista de Babilonia (539 a. C.),
dejaron libres a los prisioneros israelitas de quienes habrá mucho que decir. En épocas muy
tempranas, los persas cultos ya solían mantener
contactos con ciudades y culturas extranjeras,
entre ellas una ciudad situada frente a la costa
occidental de Asia Menor, llamada Atenas. Los
territorios actuales de Irán, Afganistán e India
hasta el Indo pertenecían a Persia. Por el oeste,
llegaba hasta lo que es hoy Turquía, y por el sur,
hasta el Nilo. Después de haber conquistado estos
territorios, los «perfumados y altamente civiliza-
dos» persas no vieron motivo para seguir conquis-

tando.* Su modelo de gobierno era muy moderno. Intentaron reunir a muchos pueblos bajo un mismo techo, sin imponerles su cultura; lo único que se les pedía era que aceptaran la supremacía extranjera y, si acaso, pagaran un tributo simbólico. Grecia, situada en la periferia occidental de su imperio mundial, no revestía importancia alguna para los persas, al menos desde el punto de vista geopolítico; aun así, las primeras ciudades-estado griegas han de ocupar un poco nuestra atención.

ATENAS

¿Qué tiene de especial esta civilización situada al margen del que era el centro del mundo por aquel entonces? Cuando Grecia aparece por primera vez en los libros de historia en el primer milenio antes de nuestra era, Babilonia ya tiene a sus espaldas tres mil años de historia; hacia el año 1000 a. C. reina la quincuagésima generación de las dinastías chinas, y para los grandes imperios de Egipto y Persia Atenas es una cagada de mosca en el mapa. No obstante esa cagada de mosca merece

* Una formulación utilizada por Tamim Ansary en su obra *Un destino desbaratado. La historia universal vista por el islam* (Barcelona, RBA, 2011) que debería leer todo el que quiera entender Oriente.

nuestra atención, pues allí están en gran medida los cimientos de nuestra cultura occidental, que se ha extendido por todo el globo terráqueo y lo ha transformado. El espíritu europeo, que para bien y para mal ha sometido al mundo, es el espíritu de Atenas. Atenas es el modelo primigenio de la ciudad europea, de la ciudad occidental, de la cultura occidental. No es casualidad que las ciudades del mundo entero se esforzaran por copiar su arquitectura. Para expresar lo referente a la ciudad existe el término «urbanidad». Atenas es la urbanidad por excelencia. En realidad debería decirse *astynidad*; *urbs* es un término latino, y los romanos no hicieron más que copiar a los griegos la idea de urbanidad. Cuando el griego dice *asty*, es decir, «ciudad» —así la sigue llamando hoy en día—, no se refiere a los barrios con los edificios oficiales y los templos, sino a aquellos donde transcurre la vida cotidiana, donde la gente se congrega, donde se codean unos con otros. Lo rural no le interesa al ateniense. Respecto a esto, se conserva un divertido diálogo en el que interviene Sócrates. Un amigo hace con él una excursión al campo. A este le llama la atención que el filósofo no se siente muy a gusto entre árboles y bosquecillos. Sócrates, como típico hombre de pensamiento que es, le dice: «Perdona, querido. Siempre estoy ansioso de aprender, y los campos y árboles sencillamente no quieren enseñarme nada; en cambio, la gente en la ciudad, sí». El pobre se sentía perdido sin el trajín de la ciudad. Todo un ateniense.

Está claro que la Grecia antigua no era solamente Atenas, sino toda una serie de ciudades. El común denominador era sobre todo la predilección por la competencia. Entre los griegos nada funcionaba sin ella, ni el teatro, ni el debate, ni los juegos, ni las carreras de carros, ni el deporte. Todos nuestros premios Óscar, certámenes de música, mundiales de fútbol, programas de telerrealidad y concursos de talentos, esas ansias profundamente arraigadas en nuestra cultura de ser el más flamante, bello y aclamado forman parte de nuestra herencia griega, igual que es bastante griega nuestra obsesión por las estrellas. A quien ganaba en los Juegos Olímpicos y sabía cautivar a la gente con sus encantos, los poetas le dedicaban himnos (trasladado al mundo de hoy sería algo así como el exitazo del momento en YouTube, compartido en todos los canales de las redes sociales del mundo entero). Sin embargo, quienes participaban en las competiciones no eran, claro está, miembros del vulgo, sino exclusivamente aquellos que pertenecían a lo más granado de la sociedad. El mundo de los griegos era de los ricos y guapos. Las distintas ciudades estaban unidas por la ambición de superar a las demás en el deporte, las artes, las conquistas. Es imposible describir con sobriedad las consecuencias que esto tuvo en el siglo v a. C. Nunca en la histo ria de la humanidad volvieron a darse en un espacio tan reducido y en tan poco tiempo tantos logros duraderos: filosofía, ciencias, doctrinas, poesía, teatro, medicina.

No obstante, a más tardar desde el Renacimiento en Europa, existe la tendencia a idealizar un poco la Atenas clásica. En épocas más recientes, también son responsables de ello los escritores de arte, como Johann Joachim Winckelmann († 1768), y un hombre natural de Weimar llamado Wolfgang von Goethe († 1832). En nuestro anhelo por alcanzar la perfección sin esfuerzo —quizá incluso movidos por el temor histórico de que en realidad solo somos salvajes bajados del monte y que aquella gente del sur nos aventaja en algo—, nos hemos acostumbrado a describir con respeto el mundo de los atenienses como aquel donde «nadie suda ni suelta tacos» —como lo expresó un día el periodista alemán Joachim Fernau—, en el que todos son musculosos, esbeltos y apuestos, y se ocupan de forma exclusiva de asuntos sumamente intelectuales y dignos. La realidad no fue del todo así. Pero Atenas obsequió al mundo con algo, en efecto, revolucionario: el espíritu cuestionador. La filosofía, el mayor invento de los griegos, es el conocimiento de las causas. ¿Qué es el mundo? ¿En qué consiste? ¿Qué es el hombre? Esas preguntas no eran nuevas, pero antes de que existieran los griegos, las respuestas eran mitos. La revolución de los griegos consistió en que estos profundizaron en las preguntas, en todas las preguntas. Así surgieron la ciencia, la filosofía, la medicina, el arte. Los griegos se obligaron a sí mismos una y otra vez a desechar la tradición, lo aprendido, lo cual constituye laverdadera esencia de la cientificidad.

El historiador griego Heródoto cuenta la siguiente historia: «En una ocasión, el rey persa Darío hizo llamar a los griegos, que según la tradición quemaban a sus muertos, y les preguntó si estarían dispuestos a comerse a sus ancestros tras la muerte. "¡No, nunca, qué pregunta!", respondieron ellos. Luego llamó a los calatías, un pueblo asiático que practicaba justamente eso, y les preguntó, en presencia de los griegos, a qué precio estarían dispuestos a quemar a sus antepasados. "¡Nunca! ¡Qué pregunta más absurda!", respondieron». Lo que Heródoto quería decirle con esto a sus lectores en la Atenas antigua es interesante: ¡respetad las costumbres ajenas, conservad la capacidad de crítica frente a vosotros mismos! Los choques culturales, los choques de civilizaciones son un enriquecimiento. Popper formuló la hipótesis de que gracias al contacto, a menudo conflictivo, entre las culturas surgió esa actitud crítica por la que la Grecia antigua se hizo famosa. El espíritu de Atenas nos ocupa y caracteriza al menos hasta hoy.

Existe, no obstante, una diferencia esencial entre nuestro espíritu y el de los antiguos atenienses:

para ellos el examen de las cosas era un mero fin en sí mismo. El saber era algo noble; la sabiduría, el bien máximo; el fin, en cambio, era comprender al hombre y a la naturaleza y no la utilización concreta de este saber. La aplicación práctica no era cosa de los griegos. Moses I. Finley, uno de los más importantes especialistas sobre la Antigüedad en el siglo xx, escribió: «Aristóteles y Teofrasto poseían un vasto saber sobre la crianza de animales y los frutos de las plantas, pero ni ellos ni sus lectores sacaron conclusiones que hubieran conllevado un cultivo selectivo en la agricultura y la cría de ovejas. Sentían satisfecho su interés, viendo el fin, la función y la causa última en la naturaleza». ¿Por qué era así? Las ciencias naturales y la filosofía eran cosa de una capa muy reducida de personas acomodadas; el hacer y el quehacer era asunto de los artesanos. Según la escala de valores antigua, el trabajo manual es inferior al intelectual. En la jerarquía social, por muy buen médico o famoso constructor naval que uno fuera, en Atenas estaba siempre por debajo del filósofo menos importante. La élite consideraba como *non plus ultra* el ocuparse exclusivamente de asuntos intelectuales. Utilizar algo de manera práctica era tenido por algo vulgar. Si hubiera que escribir un libro sobre los inventos prácticos de Atenas, sería más delgado que uno dedicado a la gastronomía holandesa. La sociedad carecía de cualquier instrumento de recompensa para el rendimiento y la productividad. Era únicamente una sociedad aristocrática. A los que hacían cosas se les despreciaba; estos solo salen a la palestra después de la Antigüedad, cuando la clase artesana empieza a formarse a partir de los primeros cristianos.

Tras la gran contienda civil griega, la guerra del Peloponeso, Atenas vuelve a experimentar un declive tras un corto período de relativo florecimiento. Los tiranos que se remitían a Platón asumieron las riendas; al fin y al cabo este había propugnado la dictadura de los sabios. En la época de la caída de Atenas, hacia el año 400 a. C., se precipitaron los acontecimientos. La guerra fratricida contra Esparta había diezmado y desmoralizado a toda Grecia; además se produjo una enigmática epidemia, probablemente la peste. En esta época, Atenas se caracterizó por tener la moralidad sexual muy baja, por la recaída en la superstición, los ritos mistéricos y las fiestas orgiásticas, y por las violaciones masivas con aires de espiritualidad. La fama de Atenas radica en el hecho de que la élite de esta ciudad había logrado liberar al mundo del oscurantismo y la ignorancia. Al final, la ciudad de la razón volvió a caer en la irracionalidad y la superstición. Los descendientes de esa élite eran jóvenes ricos que, sentados alrededor de una mesa, miraban con desprecio al *demos*, el pueblo llano. El punto débil de los atenienses era, al menos visto desde la actualidad, que la élite carecía de todo sentido de responsabilidad ética. Tal vez era inevitable que esto desembocara en un onanismo intelectual («actitud contemplativa»), adicción al placer y pasotismo.

Otro de los grandes fracasos de la Antigüedad es que incluso los grandes pensadores no concibieron la esclavitud como un déficit moral. Aristóteles escribe sin siquiera pestañear: «Muchas personas son por naturaleza esclavos, por eso es natural y redunda en su propio beneficio que estén supeditadas a hombres que puedan tomar por ellos las decisiones morales necesarias». Hoy en día, a la luz de la económica política, se sabe que con ello los griegos se perjudicaron sobre todo a sí mismos: una economía basada en la esclavitud priva al sistema productivo de personas cualificadas que tienen que malgastar su tiempo reclutando y supervisando, distrae del trabajo a personas libres con talento potencial. Contribuye a un menosprecio general del trabajo y a considerarlo algo indigno. De esa manera, por debajo de la clase alta que no trabaja, se constituye una clase media que tampoco lo hace y que está condenada a una existencia ociosa.

Alejandro Magno entró en Atenas después de la batalla de Queronea en el año 338 a. C. como quien entra en un santuario. Era natural de los Balcanes, pero había sido educado según la cultura griega (nada menos que por Aristóteles). El suelo que pisaba era santo para él. Para los esnobs de

Atenas él era un bárbaro, pues estaba al mando de un pueblo de campesinos y cazadores. La época de esplendor de Atenas había terminado hacía tiempo, pero los atenienses aún eran unos esnobs incorregibles.

ROMA

Roma había heredado de la Atenas tardía el desprecio por la democracia y la plebe. También aquí había una clase alta reducidísima, pero una base significativamente más amplia de soldados-campesinos. Estos aprovechaban el tiempo entre las cosechas para someter a provincias vecinas y finalmente también a otras más alejadas. Se les recompensaba con tierras y por eso, durante generaciones, fueron a la guerra llenos de entusiasmo a defender sus riquezas. No obstante, aunque la base del poder de Roma era más amplia y la clase de los beneficiados no era tan reducida como en Atenas, el abismo entre los que poseían y los desposeídos era mucho mayor. A los muchos que vivían en el estrato más bajo de la sociedad les iba mucho peor que a las clases atenienses del mismo estrato. En Roma había fábricas de cerámica en las que reinaban condiciones de trabajo que hoy en día tildaríamos de tortura sistemática. Los romanos fueron los primeros en construir urbanizaciones a base de hormigón, baratas y le-

vantadas a toda prisa, zonas de miseria superpo-
bladas, auténticos barrios de chabolas: las
tristemente famosas *insulae*. Ya por razones de
estética, los atenienses nunca habrían tolerado
algo así. Roma quería ser como Atenas, hacían
todo por imitar la arquitectura ateniense, pero
era un poco como si Shanghái intentara recrear
Berna. En la época del nacimiento de Cristo, Roma
era al menos 10 veces más grande que Atenas. Fue
la primera ciudad del mundo con un millón de habitantes. Sus dimensiones son completamente
únicas. Hasta entrado el siglo XVIII, la Roma antigua era la ciudad más grande que jamás había
existido. Ya bajo el imperio de Augusto, en tiempos del nacimiento de Cristo, vivían en Roma
más de un millón de personas en una concentración inconcebible hoy en día. Actualmente en
Mumbai viven 30.000 personas en un kilómetro
cuadrado; esto hace que la antigua Bombay sea la
ciudad del mundo con mayor densidad de población. En Roma, en época de Augusto, la densidad
de población era tres veces más alta.

Si bien la ascendencia contaba en Roma tanto
como en Atenas, Roma era un lugar que también
ofrecía posibilidades a los que querían medrar. El
mito fundacional revela, en realidad, todo acerca
de la imagen que Roma tenía de sí misma. El pro-
genitor de la urbe es Eneas que escapó a la muerte en la caída de Troya. Y tras varias escalas huyó
a la región de Latino. De Eneas proceden Rómu-

lo y Remo. Rómulo mató a su hermano, siendo el primer ciudadano romano en reclutar delincuentes y prisioneros. El padre de Roma era un prófugo. En Atenas se consideraba fino proceder de una familia que hubiera residido allí desde generaciones. En Roma, en cambio, contaba la capacidad de imponerse. El origen de la persona era una cuestión secundaria. El lugar más importante era el foro. Se trataba del punto de encuentro de todos, el escenario de todos los acontecimientos. Algo así como Facebook. Pero no virtual sino real. Había creadores de opinión que se burlaban de los «mentirosos y fanfarrones» y de los jóvenes galanes; había políticos que exigían que se colocaran en el foro adoquines puntiagudos para ahuyentar a la gente ociosa que rondaba por ahí. El poeta Ovidio, en cambio, elogiaba el foro por sus *formosas puellas*, las hermosas muchachas, y recomendó expresamente no atravesarlo a paso ligero, sino caminar pausadamente: «Tu modo lentus spatiare», de aquí la palabra «pasear».

Roma también fue la primera ciudad ostentosa del mundo. A los atenienses les importaba que todo tuviera las proporciones correctas; exhibir el lujo se consideraba grosero. En Roma todo había de ser majestuoso, grande, impresionante, apabullante, para que las personas se viesen pequeñas ante el poder del imperio. Además de un sistema subterráneo de aguas residuales, en el que desembocaban 55 toneladas de residuos diarios,

había policía, cuerpo de bomberos, servicio de
correos, baños con masajes (con final feliz incluido), 30 bibliotecas, un sinfín de teatros y otros
tantos templos. Y naturalmente el famoso Coli-
seo con 50.000 localidades de asiento. El imperio
dirigido por Roma perduró tanto tiempo que,
aplicando las pautas de hoy, nos resulta casi inconcebible. Estados Unidos, con sus cerca de 50
presidentes en más de doscientos años de historia, es un país asombrosamente estable. Si com-
paramos: solo la época de la República Romana
duró casi 500 años, desde la segunda mitad del
siglo vi a. C. hasta finales del siglo i a. C. Esta
época fue considerada más tarde como «los buenos tiempos». Al comienzo, eran campesinos que
se unían para hacer campañas, y de ellos surgió
una aristocracia que se repartió el poder. Luego
vinieron trescientos años de imperio. El declive se
produjo lentamente. Se vio, por ejemplo, en la actividad constructora que retrocedió a partir del
año 200 d. C. en las ciudades del Imperio Romano. Después del año 250 d. C. ya no se construye-
ron teatros ni anfiteatros. Quizá Roma no era tan
intelectual como Atenas, pero sí muy práctica: la
red de comunicaciones, la infraestructura que
dejó en toda el área mediterránea fue gigantesca.
Roma se reprodujo por toda Europa; en todas
partes hubo réplicas de Roma. Colonia, por ejemplo, la capital de la provincia romana de la zona
inferior de Germania, recibió de Agripina, la ma-

dre de Nerón, el expresivo nombre Colonia Clau-
dia Ara Agrippinensium (CCAA), es decir colonia
y lugar de sacrificio de los agripinenses. El Imperio Romano tuvo en sus últimos tiempos varias
capitales como Ravena y Constantinopla, y diversos emperadores. La ciudad de Roma había
perdido importancia.

Colonia sigue existiendo, al igual que muchos
de los legados de Roma, por ejemplo, una parte de
nuestro sistema legal. Muchos dicen que, por tanto, Roma nunca se hundió del todo y sigue existiendo en muchos aspectos. El que fuera oficialmente el último emperador de Roma se llamó
Romulus Augustulus y solo tenía 15 años cuando
el germano Odoaker lo desbancó en 476 d. C. La
antigua Roma se había convertido en un Estado
en el que la administración y el emperador apenas tenían poder real. Odoaker envió a Romulus
Augustulus a la jubilación anticipada más temprana de la historia de las pensiones y le pagó al
chico de 15 años una mansión en el golfo de Ná-
poles, a la que este se retiró con su séquito.

MAGUNCIA, CÓRDOBA, PARÍS

Las ciudades de la Antigüedad tienen poco en común con las ciudades de la época moderna. En
cambio, la ciudad medieval es en el fondo exactamente igual a la ciudad contemporánea. La época

moderna no arranca hasta que las ciudades empiezan a erosionarse por arriba y por abajo, hasta que las clases comienzan a mezclarse, hasta que la gente prospera y los habitantes entran en dependencia mutua a través del artesanado y el comercio. Este tipo de ciudades no se da sino después de la Antigüedad.

A partir del año 250 d. C. la construcción urbanística, como ya hemos dicho, era un asunto secundario. Había otros problemas. Por ejemplo, hordas de jinetes invasores y germanos que primero buscaron refugio en territorio romano para luego asumir el mando. La aparición de los germanos conllevó cierta ruralización. Con los romanos el mundo se había urbanizado, pero ahora el campo atrae cada vez más a la gente, la economía del dinero experimenta un retroceso, las vías y acueductos se deterioran. Se vuelve a construir más con madera que con piedra. Se experimenta un retroceso técnico. Poco a poco surgen unos cuantos centros del artesanado y del comercio como París, Reims o Maguncia. Las ciudades que cobran importancia en el siglo IX y X deben su ascenso a la lenta renuncia a la esclavitud y a la creciente importancia de los oficios artesanales y del comercio. A partir del año 1000 d. C. surgen cada vez más emporios comerciales; los siglos XII y XIII son épocas gloriosas del libre comercio.

Sería un error destacar ciertas ciudades de esta época, pues precisamente la variedad y la falta de un único centro dominante fueron una característica del momento. A lo sumo habría que señalar varias villas comerciales y feriales de tamaño medio como Saint Remy, Gante o Pisa. Pero, si hubo un centro, ese fue seguramente Córdoba. Medio millón de habitantes, una mezcla de pueblos y religiones vivían por entonces en la capital de los musulmanes, en al-Andalus, la actual España. En el siglo ix y x, el Califato de Córdoba era el centro intelectual y económico de Europa. Cuando un príncipe poderoso o un mercader rico tenía problemas de salud, viajaba a Córdoba para hacerse tratar, como hacen hoy en día los jefes de Estado y los potentados que viajan en sus jets a la clínica Mayo en Estados Unidos. Desde Córdoba actuaron las primeras organizaciones comerciales de carácter multinacional de la historia universal: los radanitas. Las relaciones comerciales de estos negociantes judíos se extendían por entonces ya a varios continentes. En los siglos ix y x comerciantes judíos y cristiano-orientales eran los intermediarios entre Oriente y Occidente. En Oriente apreciaban las armas de los francos, la lana inglesa y la madera; en Occidente la creciente élite urbana disfrutaba con los productos de lujo orientales.

Al principio, la marcha triunfal del islam en la Edad Media no significó para Europa una amenaza, sino más bien nuevas oportunidades para el comercio y la industria artesanal y por tanto un victorioso avance para negociantes y comerciantes. La creciente demanda en Oriente hizo que Europa resurgiera a nivel económico y cultural en la Edad Media. Florecieron cada vez más ciudades mercantiles, y finalmente Europa dejó de ser mera importadora para convertirse en exportadora. Desde el siglo IX hasta el XIII el flujo de dinero produjo cada vez más riqueza y ciudades en expansión. La gente en las ciudades necesitaba, naturalmente, más dinero que la del campo. Un campesino raras veces tiene que comprarse cosas, pero quien vive en la ciudad se ve incluso en parte obligado a mostrar su estatus a través del consumo. El comercio sustituye a la tierra como factor económico importante. Esto hizo que en la ciudad surgieran esas gentes a las que desde entonces se denomina banqueros porque de hecho, al comienzo, fueron hombres que cambiaban monedas sentados en un banco al aire libre. Más tarde vinieron los préstamos.

Dos grandes ramos de la industria nacieron en la Edad Media: la construcción y la economía textil. El ramo de la construcción estaba en parte tan estrictamente reglamentado en gremios y corporaciones que dio lugar a la aparición de logias masónicas. En el sector textil reinaba la anarquía total. Mujeres jóvenes solas eran obligadas a trabajar sin remuneración y recibiendo como única compensación un alojamiento gratuito. Muchas tenían que costearse su sustento como prostitutas. La prostitución se toleraba. En el siglo XIII el piadoso Luis IX de Francia, San Luis, quiso prohibirla en París. Sus consejeros, entre otros el obispo de la ciudad, se lo desaconsejaron. Primero porque resultaría en vano, y segundo porque era contrario al orden social. De todos modos, la Iglesia intentó convertir a las prostitutas: desde el siglo XIII, casarse con una puta era considerado una obra meritoria. La Iglesia fundó la orden de las Magdalenas para acoger a las que dejaran el oficio. Hacia el año 1300 vivían hacinadas en París más de 100.000 personas de diferentes grupos de población: artesanos junto a comerciantes, mendigos, prostitutas, soldados, funcionarios, sacerdotes, y entre todos, cada vez más aristócratas con una gran capacidad adquisitiva. Esto dio alas a la industria de los artículos de lujo, al comercio y al negocio de los préstamos. Surgieron nuevas élites. La diferencia mayor entre la ciudad medieval y la antigua es que esta última tenía una rígida jerarquía social, mientras que la urbe del medievo se caracterizaba por lo que la sociología denomina *social fluidity*. El ascenso de las ciudades automáticamente significó un cambio lento pero constante de la política inmutable y de lo social. Cuanta más importancia adquiría el comercio, tanto más aumentaba el poder de los comerciantes y mercaderes, a cuyas arcas iba a parar el dinero de la nobleza que les compraba los productos de lujo. Los nobles necesitaban cada vez más pompa para mantener su estatus y permanecer en el círculo del rey, razón por la cual se fueron endeudando.

Cuánto más urbana se vuelve una sociedad, tanto más las élites nuevas desbancan a las antiguas. Un proceso que tiene lugar de forma continua desde la Edad Media hasta el siglo XIX. Y hay algo profundamente antiaristocrático que juega un papel central: el trabajo. Las viejas élites habían alcanzado el bienestar con tierras obtenidas mediante guerras. No conocían otra manera de hacerlo. A partir de la Edad Media, a más tardar desde el siglo XII, el futuro era de aquellos que supieron hacer fortuna no mediante el recurso a la violencia sino de forma más sutil, con el poder del dinero y del crédito. Con la cabeza y no con la espada y el escudo.

FLORENCIA, NUEVA YORK, SHANGHÁI

La revalorización del trabajo fue algo muy propio de las ciudades. El curtidor, el orfebre, el panadero, el zapatero, todos ellos producían cosas útiles y admirables, ante los ojos del mundo entero. Mediante el trabajo. Fuera de las ciudades, por lo general, las viejas élites desconfiaban, siendo todavía presas de una mentalidad hostil al trabajo, heredada de la aristocracia de la Antigüedad. También, según la concepción cristiana, el trabajo era un castigo, resultado del pecado original. Gran parte del cambio de mentalidad se debió a los monjes benedictinos que, de forma calculada, se asentaron en las cercanías de las ciudades. La regla de la orden de San Benedicto daba gran valor al trabajo. Los monjes contribuyeron a dignificarlo. Los ociosos y los parásitos pasaron a ser los marginados en las ciudades.

Es interesante ver cómo el cristianismo, que en realidad honra la pobreza (todo el mundo conoce la parábola del camello y del ojo de la aguja), intentó una y otra vez conciliar la creciente prosperidad con su conciencia. ¿Acaso no dice el Nuevo Testamento: «Fijaos cómo crecen los lirios del campo, ni trabajan ni hilan, pero os digo que ni Salomón, en toda su gloria, se vestía como uno de ellos»? La mentalidad de trabajar y trabajar para medrar no formaba parte del planteamiento inicial cristiano. Los discípulos de Cristo predicaban cuidar de los pobres; los ricos no salen bien parados en los evangelios. La religión cristiana tenía que ejercer una presión considerable sobre los cristianos, cada vez más pudientes. En cualquier caso, en Europa reinaba una mentalidad de expiación con obras. Para superar la mala conciencia de los ricos mercaderes, se crearon hospitales y asilos para pobres en todas las ciudades. El hospital más importante de Europa en el sigo XIII fue el de Siena, una fundación de mercaderes.

En el siglo XIV, entre los comerciantes surgió una nueva moda: el mecenazgo. Era la época de las ciudades estado, gobernadas por una élite de comerciantes. Fomentar el arte era la única posibilidad que tenía esta élite de demostrar que poseía gusto y había alcanzado la meta de su escalada social. A él debemos ciudades como Venecia, Milán o Florencia. Escenarios en los que surgieron las obras de arquitectura y arte más espectaculares. Por eso, cuando se habla de los siglos XV y XVI, se menciona sobre todo a Florencia. Sin embargo, esto se debe también a que los italianos son buenos en relaciones públicas. En el norte, sobre todo en Flandes y en Holanda, también surgieron grandes obras de arte, también se investigó y se creó, pero no con tantos aspavientos.

El centro de la economía mundial en el siglo XVI era Amberes. El marino Henry Hudson navegaba por encargo de comerciantes holandeses cuando en 1609 tocó tierra como primer europeo en la punta sur de lo que hoy es Manhattan. Los fundadores de Nueva Ámsterdam, como se llamó inicialmente a Nueva York, eran comerciantes, no conquistadores. Su evolución ascendente hasta convertirse en la metrópolis financiera de mayor peso en el mundo se debió al comercio, más exactamente al comercio de esclavos. Y a una especie de mentalidad de gánster. En los primeros años, el grueso de la población eran huérfanos, criminales, condenados y prostitutas. En Holanda se deportó por la fuerza a los ocupantes de prisiones, orfanatos y hospicios enteros para poblar la colonia. En la actualidad cuatro de los cinco consorcios más grandes del mundo son estadounidenses; todo el planeta realiza sus negocios pasando por Nueva York. Esta ciudad, durante años una meca para inmigrantes, encarna simbólicamente el mestizaje, la interconexión y la superación de las fronteras entre los de arriba y los de abajo.

Con una cercanía que recuerda a Roma o a París, Nueva York es todavía una ciudad en el sentido de la vieja tradición europea medieval. Las ciudades florecientes de nuestro tiempo se están desarrollando en la dirección contraria. Son lugares de segregación, no de vinculación. Lo característico de Ciudad de México, Lagos, Johannesburgo, Mumbai, las ciudades con un crecimiento más rápido en la actualidad, no es la interacción orgánica, sino la existencia de urbanizaciones de alta seguridad alejadas de los barrios de chabola en expansión, las llamadas *gate communities*. En las grandes ciudades ya no hay roce entre las clases sociales y las mentalidades, la gente vive separada, en universos paralelos con escuelas, centros comerciales y plazas diferentes. Sencillamente las metrópolis de nuestro tiempo se han hecho demasiado grandes para ser urbanas, para tener algo que ver con el ajetreo fructífero de la ciudad medieval. Amigos que viven en

Bangkok (que se extiende hacia las cinco provincias de los alrededores) me han contado que allí es absolutamente normal que los padres despierten a su hijo en la noche, lo metan en el coche en pijama y recorran un trayecto de tres horas hasta el colegio; por el camino la criatura duerme un poco más, luego la visten y la familia desayuna en el vehículo. Las grandes ciudades de nuestro tiempo siguen creciendo y se invaden unas a otras en su desarrollo. Por ejemplo, el noroeste de Estados Unidos, que se extiende por el sur con Washington y por el centro con Nueva York y Boston, ha ido creciendo hasta conformar una gran región urbana en la que, entretanto, vive más del 15 por ciento de la población estadounidense. O la región del delta del Jangste en China, donde los centros Shanghái, Hangzhou y Xuzhou han convertido provincias enteras en meros desiertos de hormigón y asfalto; o la región entre Tokio y Kioto y la región de los alrededores de Pune en India, las cuales en un radio de 100 kilómetros han engullido todas las ciudades de la zona. Sin embargo, lo más peligroso de las grandes ciudades no son solo sus dimensiones, sino las brechas sociales que allí se abren. Solo los barrios bajos de Lima, Mumbai, Delhi, Dhaka, Cairo, Lagos o Kinshasa son ya grandes ciudades en sí mismos, según parámetros europeos. El número de personas que viven en los barrios más deprimidos de Ciudad de México, sin acceso a agua potable ni infraestructuras sanitarias, es mayor que el de los habitantes de la ciudad europea de mayor tamaño, Londres.

Hace doscientos años solo el 3 por ciento de la población mundial vivía en ciudades, hacia 1900 eran el 10 por ciento, y hoy es el 50 por ciento. En el año 2050 supuestamente habrá 6.300 millones de personas viviendo en grandes ciudades (el 70 por ciento de la población mundial). La consecuencia es el éxodo de las élites de las ciudades. Los tiempos en que las ciudades eran centros de atracción cultural y económica habrán pasado a la historia. Esto también tiene que ver con los medios de comunicación modernos. Los más importantes inversores del mundo de las finanzas ya no están en oficinas situadas en Wall Street, sino que dirigen sus inversiones a través del teléfono inteligente desde sus residencias campestres en Connecticut. Los grandes festivales culturales —antes tradicionalmente exclusivos de la ciudad— se celebran ahora más bien en el campo, a orillas del mar, en las montañas. Lo mismo cabe decir de los centros del deporte y la formación. Los estadios ya no se construyen en el centro de las ciudades (como el Bernabéu en Madrid), sino en la periferia (el Stade de France en los alrededores de París, el Allianz-Arena al norte de Munich). Antes las universidades estaban expuestas al trajín y jaleo de la ciudad: la Sorbona en París, la Karls-Universität de Praga. Las universidades de élite de la actualidad son mundos particulares, aislados como Princeton en el estado americano de New Jersey. Las grandes ciudades modernas ya no tienen centros, o solo centros históricos que se enseñan a los turistas, mientras que la vida real se desarrolla en otro sitio, en parte en centros comerciales situados en la periferia. Los aeropuertos modernos también se han convertido en centros económicos en sí mismos, con una especie de pseudourbanidad propia, con sedes industriales, comerciales y hoteles. Las ciudades, dicen los entendidos en su jerga, se han vuelto policéntricas. Con ello, pasa a la historia aquello que un día caracterizó la vida en la ciudad. Antes se la añoraba como baluarte de la cultura. La palabra *politesse*, cortesía, viene de *polis* (ciudad). La provincia era considerada lo más basto e inculto. Hoy parece ser al revés. La historia no siempre transcurre de forma continua, tampoco hay que olvidarlo.

A continuación un resumen final de las 10 ciudades más importantes de la historia de la humanidad:

1. Babilonia: La madre de todas las ciudades. Más de dos mil años encabezando la lista de las más importantes (desde el 2000 a. C. hasta el 100 d. C.) ¡A ver quién puede igualar este record!

2. Atenas: La ciudad más esnob que ha existido nunca. Justo por eso aportó en solo unas po-

cas generaciones (desde casi el año 500 a. C. hasta el 300 a. C.) más arte y literatura al mundo que cualquier otra civilización.

3. Roma: La primera gran ciudad de la historia universal. Hacia el año del nacimiento de Cristo ya era una ciudad de más de un millón de habitantes. Tuvieron que pasar más de mil ochocientos años para que surgieran otras ciudades de tamaño comparable.

4. Jerusalén: Un caso especial. Desde el punto de vista geopolítico y económico completamente al margen del acontecer, pero en las historias de la gente desde hace miles de años, el centro del universo.

5. Córdoba: En el siglo I d. C. la primera metrópolis intelectual y económica de Europa era musulmana. Tendría gracia si no fuera tan triste.

6. París: En la Edad Media tardía y a comienzos del Renacimiento no existía *una* capital europea; lo característico era que hubiera varios centros como Palermo, Gante, Boloña o Milán. Sin embargo, era París la ciudad que gozaba de mayor prestigio. El poder adquisitivo concentrado (200.000 habitantes hacia el año 1300) dio alas a la industria artesanal y del lujo.

7. Amberes: En el Renacimiento todas las miradas se dirigen a Florencia y Milán, y es aquí donde está el meollo de la actividad. Gracias a

su puerto y al comercio textil, es la plaza comercial y financiera más importante desde el siglo xiv hasta el xvi. Hoy en día sigue liderando cuando menos el negocio de diamantes.

8. Londres: En la era industrial, el centro del mundo. Entre 1800 y 1900 la población se sextuplicó (hasta alcanzar los 6 millones). En el siglo xx fue desbancada en importancia como centro financiero por Nueva York.

9. Nueva York: Seguramente, después de Babilonia, la ciudad más internacional de la historia universal. En ella viven más polacos que en Varsovia, más irlandeses que en Dublín, y tampoco hay otro lugar fuera de China con tantos chinos.

10. Shanghái: La Revolución Industrial, que en Europa duró cien años, aquí fue despachada en apenas diez. Hoy en día, en el puerto de Shanghái, se mueven más mercancías que en cualquier otro centro comercial del mundo. La región es el rincón más poblado del planeta.

4

DE HÉROES Y VILLANOS

(Los personajes más importantes
de la historia universal y sus pegas)

Si matas a un hombre eres un asesino, si
matas a millones eres un conquistador.

JEAN ROSTAND, biólogo y filósofo

Durante más de cincuenta años Khaled Asaad fue
el administrador de los antiguos lugares romanos
en Palmira, ciudad situada en el desierto sirio.
Cuando el ejército yihadista, el autodenominado
Estado islámico, invadió Palmira en mayo de
2015, el anciano de 82 años no huyó. Los yiha-
distas secuestraron a este arqueólogo y lo tortura-
ron. Luego lo ejecutaron y publicaron en internet
fotografías del cadáver decapitado. Fue torturado
porque el ejército yihadista creía que en Palmira
había oro y querían obligarle a dar información
sobre su paradero. Luego colgaron el cadáver de
Asaad de una de las columnas antiguas, a cuya
conservación había dedicado su vida.

¿Aprendemos de la historia? Es obvio que no. ¿Podemos tomar como ejemplo figuras de la historia y, como quien dice, anhelar su advenimiento? Sí. Al mundo árabe le deseamos, por ejemplo, un personaje como Bat-Zabbai, la reina del desierto, que gobernó precisamente ahí en Palmira en la antigüedad tardía, y en el siglo III, por un corto pero glorioso período de tiempo, doblegó al Imperio Romano. Y es que, antes de que el islam entrara en escena en el siglo VII, conviene recordarlo de cuando en cuando, ya había una cultura árabe. En la época preislámica las mujeres desempeñaban a menudo un papel sobresaliente en la sociedad. Lideraban tribus y hasta imperios enteros.

EMPODERAMIENTO FEMENINO DE ANTAÑO

Zenobia es el nombre que nuestros historiadores pusieron a Bat-Zabbai, una de las figuras más remarcables de la historia universal, que, sin embargo, hoy apenas despierta interés. Se la puede llamar por su nombre occidental sin tener por ello mala conciencia, pues ella misma se consideraba una occidental. Decía provenir de la dinastía ptolemaica, los lugartenientes que Alejandro Magno dejó en su día en Egipto, la nobleza helénico-egipcia. Afirmaba ser una descendiente directa de Cleopatra. Puede que sus antepasados fueran ptolemaicos, pero, en lugar de dar crédito a una princesa árabe que por esnobismo dice proceder de los refinados helenos, merece la pena echar un vistazo a la propia tradición árabe de Zenobia. Paso a referir aquí su historia como ejemplo de figuras de la historia universal que responden al paradigma de héroe, en este caso, de heroína. Zenobia forma parte de una serie de reinas del desierto bastante impresionantes. La gran orientalista estadounidense Nabia Abbot enumera más de dos docenas de sobresalientes damas de Oriente que marcaron la historia de la región. La más conocida es probablemente la reina de Saba que, según la leyenda, en el siglo X a. C. partió del actual Egipto en dirección a Jerusalén para encontrarse con el rey Salomón y saber si realmente era el hombre más sabio del mundo. Y, resumiendo una larga historia, diremos que lo encontró tan convincente que tuvo con él un hijo.*

Una princesa árabe de Emesa, la actual Homs, que en arameo se llamó Martha (ama), se casó en el año 187 d. C. con Septimus Severus, emperador romano relativamente cruel y bastante exitoso. Esta siria pasó a la historia de Roma como Julia Domna y fundó con su marido la dinastía

* La dinastía de los Salomoniodas desciende de este hijo, y reinó desde el siglo XIII hasta 1975 en Etiopía. Su último monarca fue el emperador Haile Selassie († 1975), cuyo sobrino nieto Asfa-Wossen Asserate vive en Fráncfort del Meno.

de los severos. De hecho, gobernaba en pie de igualdad con su consorte y era considerada una persona especialmente interesada en filosofía y literatura. Pasó a la historia porque llevó a Roma la diosa Tanit, a la que desde entonces se le llamó allí *Caelestis Dea*, reina del cielo. También es digna de mención la reina siria Mawia que seguramente procedía de los gasánidas, una tribu árabe beduina, que al parecer se desplazó en su día desde el sur de la Península Arábiga hacia el norte, se estableció en Siria en la región romana fronteriza y por aquellos tiempos se convirtió al catolicismo. Hacia el año 380 d. C. Mawia conquistó partes de Palestina llegando hasta el norte de África y venciendo a las tropas romanas, aunque después los auxilió en su lucha contra los godos.

En círculos árabes cultos prefieren no mencionar a Hind bint Utba: una mujer con cualidades de mando, contemporánea de Mahoma y a temporadas su más poderosa rival. Fue suma sacerdotisa del culto árabe primitivo a la diosa de la victoria, practicado en La Meca. Con sus sacerdotisas, Hind tomó parte en campañas como las dirigidas contra Mahoma y sus tropas. En la tradición islámica se la llama la «comedora de hígado» porque, según la leyenda contemporánea, tanto ella como sus sacerdotisas practicaban el canibalismo ritual y, al parecer, tras las batallas destripaban a los heridos aún vivos y se comían sus órganos. Se dice que, tras una batalla contra

Mahoma, la misma Hind mató al tío de este, cocinó su corazón y se lo comió. Cuando Mahoma conquistó La Meca, también la temida Hind se convirtió al islam; una de sus hijas se casó con el hijo de Mahoma. En batallas posteriores Hind luchó al lado de Mahoma.

Así, entendemos mejor a una figura destacada como Zenobia y no la vemos como una excepción, ya que sabemos que reinas guerreras como Katniss Everdeen no eran nada extraordinario en la época preislámica e incluso en tiempos de Mahoma. Aun así, Zenobia destaca entre las figuras femeninas de la antigüedad tardía. En el año 267 o 268 asume el poder en la fabulosa y rica ciudad oasis de Tadmor (el nombre árabe de Palmira); por aquel entonces tendría unos 25 años. Dos años más tarde reina sobre un gran imperio que se extiende desde el Éufrates, pasando por Egipto, hasta la actual Turquía.

Resulta muy tentador imaginarse a Zenobia como una intrépida reina del desierto al estilo hollywoodiano, cabalgando sobre un camello, residiendo en tiendas, durmiendo a la trémula luz del fuego, con un halcón como fiel compañero. Es cierto que algunos historiadores hablan de una reina que se negó a dejarse llevar en parihuelas y que prefería ir a cazar leones —¡caminando!— con sus fieles generales (en fuentes antiguas se hace hincapié en que era «más valiente que su marido en la caza y en la guerra»), pero Zenobia amaba también el protocolo de la corte y la opulencia rimbombante. En Palmira se miraba de reojo a la distinguida Persia por el lujo que ostentaba su casa real, pero el gusto personal de Zenobia era más bien griego. Su ocupación predilecta era la filosofía. Cuando daba un banquete se traía a grandes intelectuales y sabios de todos los rincones del mundo conocido. Sentados a la mesa, había cristianos de Antioquía, intelectuales de Alejandría, ilustres judíos de Jerusalén y demás sabios venidos del Indo y de la China para participar de la vida cortesana. A Zenobia le gustaban las mezclas abigarradas. A sus fiestas acudía engalanada de pies a cabeza con las joyas más suntuosas, y los platos de oro de todos los comensales lucían soberbios presentes. Su corte era famosa por el lujo y la pompa, así como por una atmósfera de tolerancia y brillantez intelectual. La falta de fuentes fidedignas hizo que historiadores y poetas (por aquella época no se hacía tanta distinción entre unos y otros) proyectaran en toda regla sus propias fantasías sobre ella. De modo que Zenobia se convirtió en la regenta modelo. El tardío siglo XIX hizo de ella la versión femenina del rey Arturo: ávida de gloria, pero al mismo tiempo pensativa; exuberante, pero exquisita; severa, pero justa; segura de sí misma, al tiempo que humilde.

Naturalmente, Zenobia fue idealizada. Todo lo breve, y apoteósico —llámense reinos, ciudades o James Dean— se idealiza. Zenobia procedía de la clase alta de Palmira; era la hija del jefe del clan de la poderosa tribu de los amlaqui. La lengua que se hablaba en Palmira era la *lingua franca* de uso habitual en Oriente, el arameo que también fue la lengua de Jesús. *Historia Augusta*, una obra romana del siglo IV, por lo demás bastante sobria, usa para Zenobia el superlativo «bellísima», *speciosissima*. En cualquier caso, no cabe duda del erotismo que irradiaba, ya solo por el hecho de haber atrapado al partido más codiciado por todas: el general Udaynath, que se hacía llamar Septimius Odenaethus, aunque también procedía de una tribu árabe influyente, y, como representante de Roma, ejercía la función de virrey. Zenobia asumió el poder tras un atentado sufrido por su esposo (junto con su hijo y heredero). A algunos historiadores este suceso les dio pie para especulaciones; se dijo que Zenobia se había beneficiado de la muerte de su esposo. Que el hijo que murió junto a Udaynath no era suyo. De este se decía, además, que era «dado a los placeres griegos» es decir, afeminado. A raíz del atentado, Vaballathus, el hijo común de Zenobia y Udaynath, se convirtió en heredero al trono. Por motivos más banales han sido asesinados otros esposos... La mayor parte de las fuentes apuntan a que el asesino fue un sobrino de Udaynath, a quien este había castigado con demasiada severidad por su carácter díscolo.

El hecho de que los seguidores más incondicionales de su esposo, sus generales y también los importantes jefes del clan de Palmira hubieran sido fieles a Zenobia, tras el asesinato de su esposo, es otro indicio de su inocencia, y también del respeto del que gozaba en la arcaica sociedad tribal de Palmira. Cuando Zenobia subió al poder, Roma se encontraba en un estado de extrema debilidad. El imperio había tenido 19 emperadores en muy poco tiempo, y por el norte lo invadían tribus germanas que requerían toda la atención de Roma. Probablemente Zenobia no emprendió su conquista por megalomanía o deseo de notoriedad, como le atribuyen algunos historiadores romanos, sino sencillamente porque la debilidad de su aliado romano provocó un vacío de poder peligroso en Oriente. Para un nudo comercial como Palmira, la estabilidad y la seguridad en las rutas de caravanas eran de vital importancia. De modo que Zenobia emprendió la marcha con unos 200.000 soldados bien equipados —entre ellos un estupendo cuerpo de infantería en camello y los legendarios arqueros palestinos— y conquistó en una guerra relámpago toda la región. Incluido Egipto. Zenobia naturalmente no tenía cojones, pero, en cambio, poseía más audacia y desfachatez que Donald Trump y Gengis Kan juntos. Egipto fue el granero del Imperio Romano.

Su mala suerte consistió en que cuando el imperio que dirigía acababa de alcanzar su mayor

expansión, en Roma, tras muchos emperadores
débiles, volvió a asumir el poder un emperador
fuerte: Lucius Domitius Aurelianus, llamado Aureliano, un hombre procedente de los Balcanes
que había llegado hasta la cúpula de las legiones
romanas. Cuando en el año 271 d. C. Zenobia
empezó a hacer circular sus propias monedas en
el área mediterránea, esto significó el colmo de la
provocación para Roma. Por un moment, o Aureliano apartó su atención de los molestos germanos
y marchó con sus tropas en dirección a Ankara,
para dar un buen varapalo a los de Palmira, cosa
que consiguió. «Fue una escabechina indiscrimina-
da —escribiría el historiador romano Zósimo doscientos cincuenta años más tarde—, ese día lo más
granado de la aristocracia de Palmira se hundió en
un mar de sangre.» Pero Zenobia logró salvarse.
Con los restos de su ejército cabalgó a través del
desierto hasta Palmira, su desmoralizada ciudad.
Los romanos la siguieron. Y sitiaron Palmira hasta
que sus habitantes murieron de hambre.

En lugar de darse por vencida, Zenobia inició
una correspondencia con Aureliano. Le explicó
por qué le era imposible rendirse: «¿Acaso no sa-
béis que Cleopatra prefirió morir antes que renunciar a su honor?». Una noche, mientras inter-
cambiaba correos con el sorprendido emperador,
escapó a lomo de su camello, que dicen que era
hembra, pues son más ágiles, para alcanzar Persia y pedir ayuda. Llegó hasta el Éufrates, y allí

fue apresada por las tropas romanas. Palmira fue tomada y saqueada por los romanos. Admiradores empedernidos de Zenobia afirman que fue asesinada, y no apresada, a orillas del Éufrates; que a los reyes de países exóticos, prisioneros de los romanos, se les solía exhibir en grandes marchas triunfales ante el pueblo de Roma antes de sacrificarlos a los dioses en el capitolio. Zenobia, según los cronistas romanos, no tuvo que pasar por eso. El emperador le dio una casita cerca del actual Tívoli y se casó incluso con un primer espada de Roma, un senador. Si Zenobia murió o no a orillas del Éufrates, como afirman los románticos, o si acabó convirtiéndose en un figurín romano, como aseguran los realistas, no se puede esclarecer del todo. En cualquier caso, el destino de una senescente dama de la sociedad romana no es tan atractivo como la imagen de una heroína que muere a orillas del Éufrates. Por otro lado, da una idea más exacta de cómo Roma conquistó el mundo: primero con armas, luego engatusando y obligando a la asimilación. De una manera que no dista mucho de la practicamos hoy en día.

¿POR QUÉ UN HÉROE NO PUEDE SER UN CANALLA?

En el mundo árabe el recuerdo de Zenobia se ha perdido en gran parte. La mayoría de los textos o

poesías que se han escrito sobre ella proviene de
Occidente, desde los historiadores romanos, pasando por Boccaccio y Petrarca, hasta las óperas
del siglo XVIII y una película monumental con
Anita Ekberg haciendo de Zenobia en los años
cincuenta. Salvo a algunos intelectuales sirios o
libaneses, a nadie en la región le dice ya nada el
nombre de Zenobia. Esto hace que tengamos que
plantearnos desgraciadamente la pregunta bastante profunda de qué es en realidad lo que hace
a un héroe. ¿Son heroínas personas como Zenobia o, por ejemplo, Boudica, la reina celta de la
guerra que doscientos años antes le hizo la vida
imposible a los romanos en Britania? ¿Es héroe
Vercingétorix, el gran líder de los celtas en su lucha contra César en el siglo I a. C.? Estos personajes aglutinaron a las masas, se rebelaron contra
un poder desproporcionado, defendieron una
forma de vida alternativa, cualquiera que fuese, y
acabaron siendo aplastados. ¿Aun así son héroes? ¿Los héroes pueden perder?

Georg Wilhelm Friedrich Hegel tenía una opinión muy firme acerca de cómo medir la grandeza histórica, al igual que mi hermana Gloria y
Jürgen Klopp, seguramente el ciudadano más famoso de Stuttgart en el mundo. Hegel dedicó sus
legendarias lecciones *Sobre filosofía de la historia
universal* (impartidas en Berlín a partir de 1822)
a tratar de forma exhaustiva este tema. Llegó a la
conclusión de que hay un único parámetro válido

para determinar la grandeza histórica y es la profundidad de las huellas que alguien deja en la historia universal. Según la tesis central de Hegel, para alcanzar nuevos estadios de desarrollo en la historia, el «espíritu universal» —este concepto fue creado por él— se sirve de individuos especiales. Estos son los que saben «qué es lo oportuno en cada época», dijo Hegel. Figuras excepcionales que no se aferran a la tranquilidad del presente, sino que —¡atención: ahora viene una imagen hegeliana!— golpean en el nuevo mundo como si de una cáscara se tratara y la rompen. Hegel era un optimista. Creía en el progreso. Estaba firmemente convencido de que el «espíritu universal» tenía una especie de plan invisible que consistía en la realización creciente de la libertad. El nivel más elevado del desarrollo universal sería alcanzado, según él, cuando en algún momento, en un futuro lejano, el hombre fuese consciente de su libre albedrío y viviese libremente. La fórmula de Hegel sobre el universo es de una simplificación tan alegre que hace poner de rodillas a un periodista de la prensa sensacionalista. La «División de la historia universal» es en Hegel simplemente un programa de tres puntos: al principio están «los orientales», que solo sabían que *uno* es libre; luego vienen los griegos y los romanos, para los cuales solo *unos pocos* eran libres, y por último en la Edad Moderna está el hombre que sabe que *todos* somos libres. Lo decisivo para determinar

la grandeza histórica es, según Hegel, si un personaje hace avanzar la historia, si rompe con lo antiguo y crea algo nuevo. Todo movimiento, también
los retrocesos, son para Hegel parte del camino.
Los puntos de vista ético-morales tampoco tienen
importancia para él. Los fallos más graves del carácter apenas revelan nada acerca de la grandeza
de una figura. «Para el ayuda de cámara no hay
héroes», subraya una de las famosas frases de las
lecciones de Hegel. Quiere decir que quien vislumbra el carácter, las intenciones o las insuficiencias
personales de un héroe no puede valorar su grandeza histórica. Dicho brevemente: también los canallas y personajes absolutamente monstruosos
son héroes si hacen progresar la historia.

En los últimos casi doscientos años las memo-
rables lecciones de Berlín de Hegel han sido some-
tidas naturalmente a una crítica despiadada. El
mismo Hegel ha sido objeto de escarnio por el
ominoso «espíritu universal» al que incluso creía
reconocer en la persona de Napoleón montado a
caballo. Su pretensión de identificar un rumbo
predeterminado de la historia que desembocaba en
una mayor perfección del mundo en paz y libertad
también fue ridiculizada y con razón, sobre todo
tras las experiencias del siglo XX. Una objeción de
peso contra Hegel procede de Jacob Burckhardt,
el gran erudito de Basilea, que opinaba que nadie
es imprescindible en la historia y que además la
grandeza histórica no es más que una etiqueta

que se coloca *a posteriori* y, por lo tanto, no es nada fiable porque está sometida al tornadizo espíritu de la época. Pero Burckhardt concedía que hay personas en particular con un impacto especial y por eso hay que atestarles grandeza histórica. En cuanto a los candidatos que cumplen este criterio, Burckhardt incluso coincide ampliamente con Hegel. Se trata de los siempre dudosos personajes de la historia de Occidente: Alejandro Magno, Julio César, Napoleón, Federico el Grande. Hombres de estado y generales.

Casi más remarcable es la réplica del gran biógrafo de Hitler, Joachim Fest. Los optimistas del siglo XIX no podían prever a Hitler. No obstante, a Fest le resultaba irritante que, retrospectivamente, Hitler encajara de una forma tan perfecta en el patrón del héroe de Hegel y de Burckhardt. Algo no funcionaba en el planteamiento de estos críticos; de lo contrario habría que calificar a Hitler de «grande». Fest resolvió el problema rebatiendo los criterios tradicionales con argumentos de la estética. Puede que Hitler hubiera conducido a su pueblo de una situación vieja a otra nueva, también puede ser que una figura como Hitler hubiera encarnado una necesidad general y sobre todo que tuviera una «fuerza de voluntad anómala, dotada de una especie de imperiosidad mágica» y, sin embargo, rasgos decisivos de su carácter hacen de él un hombre absolutamente insignificante. Fest señala las ansias de venganza de Hitler, su falta de generosidad, su materialismo mondo y lirondo, y constata que esta repugnante vulgaridad carece de todo cariz heroico y descalifica a Hitler como gran personaje. Señala que, si se quiere hablar de grandeza, habría que decir en todo caso, como Thomas Mann, «grandeza frustrada» o «genio a un nivel inferior». Con todo, Fest considera sospechoso el término de grandeza histórica en la interpretación clásica del siglo XIX. Cita una carta de Bismarck, en la que este, en un momento de claridad melancólica, advierte de aquello que es «terrenalmente admirable», pues: «Siempre está emparentado con el ángel caído que es hermoso sin sosiego, grande en sus planes y su empeño, pero nada logra; un ser fiero y triste».

Quizá estemos cometiendo un error de principio al medir la grandeza de figuras históricas por el hecho de si nos acordamos de su nombre y por cuánto tiempo. Nombres que siguen vivos en nuestra memoria fueron escritos, por lo general, con sangre en el libro de la historia. Aquiles, por ejemplo, fue deliberadamente a la muerte para pervivir en la memoria colectiva. Pero ¿acaso esto lo convierte de veras en un héroe? Si es así, entonces Eróstrato también fue héroe: era un don nadie y en el año 356 a. C. prendió fuego al templo de Artemisa en Éfeso, una de las siete maravillas del mundo. Cuando le preguntaron por qué lo había hecho respondió: «Para llegar a ser famoso». ¿Por qué se desprecia a Eróstrato, aun cuando solo destruyó un templo, y se admira a Alejandro Magno, aun cuando destruyó miles de templos? El patrón de comportamiento de Alejandro Magno en todas sus conquistas fue siempre el mismo: destruir y saquear viejas ciudades, masacrar a civiles, enviar a mujeres y niños a la esclavitud, profanar templos, celebrar juicios espectaculares, eliminar a pueblos enteros. Su legado personal lo tenía sin cuidado, igual que le importaba un bledo quién fuera a tomar su testigo. «El más fuerte», fue su respuesta cuando le preguntaron en el lecho de muerte. Lo único que le importaba era que su nombre fuera recordado para siempre. Por eso siempre tuvo entre sus seguidores —como Napoleón mucho tiempo después de él— a cronistas y artistas que debían conservar sus obras para la posteridad. Un Alejandro Magno y un Napoleón alcanzaron así el estatus de inmortales. Pero ¿son acaso de veras merecedores de nuestra admiración?

Si emprendemos la búsqueda de figuras de la historia universal que correspondan y superen al mismo tiempo los criterios de Hegel —por no querer calificar de héroes a genocidas ni a ciertos canallas en particular—, el círculo de los candidatos se reduce a un número bastante previsible. ¿Con quién nos quedamos? ¿Con el que pone el mundo patas arriba o el que ayuda a ancianos a cruzar la calle? Yo sabría de alguien.

SIEMPRE ESOS INTELECTUALES JUDÍOS

En sus reflexiones sobre la historia universal de 1949, *Sobre el origen y la meta de la historia universal*, el filósofo Karl Jaspers denomina al período entre los años 800 y 200 a. C. «Era axial», porque en este tiempo aparecen aquellos personajes que dan lugar a las categorías fundamentales en las que se ha desarrollado nuestro pensamiento hasta nuestros días. En China surgen Confucio y Lao-Tse; en India, Buda; en Irán imparte lecciones Zaratustra; en Grecia, los filósofos; en Oriente aparecen por primera vez los profetas y, más tarde, Jesucristo. Todo lo que mínimamente sugieran estos nombres ocurrió en esos pocos siglos en China e India, en Oriente y Occidente más o menos al mismo tiempo, sin que los unos supieran de los otros. Uno de los milagros más extraños de la historia universal es por qué fue precisamente el cristianismo el que pudo desarrollar una fuerza de atracción que penetrara tanto en todas las culturas y desplegara una dinámica que conduciría a la evangelización del planeta y finalmente al capitalismo y la globalización.

La respuesta hay que buscarla en un intelectual judío nacido en una metrópolis de la cultura griega. En realidad hay que llamarlo por su nombre hebreo, שאול, Saúl, y su nombre griego, Παῦλος, Paûlos, ya que desde el punto de vista de la historia universal encarna el eslabón entre el judaísmo, la Antigüedad y el cristianismo. El apóstol Pablo fue el evangelizador más importante del cristianismo primitivo. Sin él, se hubieran consolidado unas cuantas sectas judeocristianas, pero nunca se habrían convertido en un movimiento de masas. En el siglo I d. C., hubo en muchos sitios grandes hombres apasionados que predicaban mensajes de salvación o proclamaban el advenimiento del juicio final. Hubo también evangelizadores cristianos que tuvieron éxito, pero solo Pablo conquistó a las masas. ¿Cómo? Era una persona que tejía redes, construía puentes, un pontífice. Pablo provenía de una consolidada familia judía, pero poseía el derecho legal de ciudadano romano y podía moverse libremente. Era un extraordinario maestro de la Torá, pero también se veía a sí mismo como filósofo de la tradición helénica. Hay quienes afirman que el secreto del éxito de la religión cristiana radica en la fusión del espíritu judío con el griego, que esto provocó una especie de explosión espiritual y que Pablo fue el Einstein de esa fusión nuclear.

La comunidad cristiana primitiva estaba formada por judíos creyentes que no querían dar cabida en su círculo a judíos no creyentes. Pablo decidió abordar a los gentiles. Entre estos, figu-

raba sobre todo la élite urbana, la gente ilustra-
da. Para hacerlos receptivos al mensaje de Cristo, tuvo que abrirlos al pensamiento y a la lógica
de los filósofos griegos. Un paso de gigante. De
esa manera entraron en contacto por primera vez
el Antiguo Testamento y el pensamiento griego.
El segundo paso revolucionario fue el hecho de
que el lugar de nacimiento, el origen social o la
pertenencia a un pueblo no tuvieran importancia para la evangelización de Pablo. Hasta ese
momento, la religión siempre había sido algo relativo a una tribu o, en el mejor de los casos, a
ciertos pueblos. La cristiandad se entendió a sí
misma como nueva alianza de Dios con todos
los hombres, sucesora de la vieja alianza de Dios
con los judíos. Ahora había una religión universal válida para todos, para todas las etnias, para
todas las clases sociales. Es precisamente de aquí
de donde se desprende la fuerza explosiva de la
evangelización de Pablo: su proyecto «de religión para todos» fue también un desafío contra
los cristianos sectarios fundamentalistas, que se
marginaban del mundo y consideraban el cristianismo como algo exclusivo de santos y ascetas.
Para Pablo, la lucha contra los fundamentalistas
y ascetas de primer orden era una cuestión puramente teológica. No quería que el cristianismo
se atrincherara, sino que fuera llevado al mundo
y lidiara allí donde hubiera más fragor y pesti-
lencia. Presumiblemente no pensó en las conse-

cuencias que podía tener esto para la historia universal.

La mayoría de los historiadores honran a Pablo sobre todo por la forma como supo unir la filosofía griega y el pensamiento judeocristiano, contribuyendo a su enriquecimiento mutuo. Pero es posible que otro de los efectos probablemente no intencionados que provocó fuera aún más contundente: por muy erudito que fuese y a pesar de su respeto por las incursiones en la filosofía y en el Antiguo Testamento, Pablo fue el primero en insistir en que el órgano de los sentidos más importante para captar lo divino no es la cabeza sino el corazón. Una imagen bastante insólita para la mayor parte de la gente de la Antigüedad. Pero se trataba de algo que puso en marcha, como quien dice de refilón: nada menos que el descubrimiento del individualismo.

Hasta ese momento los dioses se consideraban distantes, crueles y caprichosos. Sobre todo eran inalcanzables, y así estaba bien, pues los dioses eran temidos, no queridos. La idea de amar a los dioses resultaba irrisoria. Más absurda era a lo sumo la idea de que los dioses o un todopoderoso pudieran conocer y querer a cada individuo en particular. Sin embargo, Pablo predicaba precisamente esto: «Dios ama a cada persona». ¿El dios castigador que hace crecer las aguas y envía plagas de langostas había de ser ahora asequible para cada uno y debía hacerse cargo de las preocupaciones, incluso las más banales de cada ser, no solo de las de los sumos sacerdotes y reyes? Esta idea de la «religión para todos» fue un acto revolucionario, radicalmente democrático. Con consecuencias enormes. Haciendo hincapié en una relación personal hacia Dios, al alcance de todos, Pablo trajo al mundo la idea de una dignidad humana universal. El antropólogo social estadounidense Ernest Becker lo define como «el mérito más remarcable de la cosmovisión cristiana: convirtió a los esclavos, tullidos, imbéciles, necios y poderosos y los transformó en héroes potenciales...». Fue un abandono radical de todos los valores tradicionales. Para revestir alguna importancia en el escenario mundial del cosmos, había que ser, en la Antigüedad, un Hércules o un Aquiles. Las nuevas historias de héroes que se contaban sobre los mártires primitivos contribuyeron esencialmente al éxito de la imagen de los cristianos y de la propagación vertiginosa de su mensaje en el mundo de la antigüedad tardía. En este, los que de repente desempeñaban el papel principal yendo a la muerte por sus creencias eran muchachas quinceañeras o esclavos, en lugar de figuras a lo Hércules.

La noticia de que Dios amaba a cada persona en particular resultó ser irresistible. La idea moderna del individualismo y de la dignidad humana y la creencia de que cada ser humano es valioso deben su existencia a la idea de un dios que ama a cada individuo. Mucho más tarde el hu-

manismo religioso y nuestro canon de valores seculares tomarían de la religión la idea del valor
absoluto del individuo y de la autonomía de cada
ser humano. Sin embargo, la idea secular de la
dignidad humana no es otra cosa que la versión
del mensaje cristiano difundido por Pablo despo-
jada de sus connotaciones religiosas.

En el mensaje que Pablo se encargó de propagar sobre la chispa divina en cada ser humano había escondidos otros detonantes sociales y políticos, por ejemplo, la igualdad de hombre y mujer
ante Dios. O la del esclavo y el amo. Por su espíritu, Dios está muy cerca de cada persona, predicaba Pablo a las masas sorprendidas, más cerca de
aquellos que se encuentran en lo más bajo de la
jerarquía social, y de quien más cerca está es de
aquel a quien todos ignoran y no cuenta para
nada. Este mensaje tiene que haber causado una
gran sorpresa en la antigüedad tardía. Precisamente en las ciudades con sus pequeñas élites —entre
ellas los muchos seres sin rostro que por razones
económicas o sociales no formaban parte de la sociedad— muchos se unieron a los cristianos. Las
comunidades crecieron rápidamente y dieron mucho que hablar por la cooperación solidaria y el
sistema de asistencia sanitaria y social que practicaron. Donde el cristianismo se hizo visible por
aquellos tiempos, cambiaron muchas cosas.

La difusión del cristianismo estuvo acompañada de violencia. La conquista del centro y el

sur de América por parte de españoles y portugueses en los siglos XVI y XVII es un ejemplo bastante lúgubre de ello. Y sin embargo, aunque uno sea del todo contrario a la Iglesia, no puede negar que la religión cristiana trajo al mundo una idea completamente ajena para los antiguos: el culto a la debilidad. Para los judíos, Jesús, tras su ejecución, quedó deslegitimado como mesías. Los judíos esperaban de su mesías la restitución triunfal del reino de David. Desde el punto de vista de los griegos y romanos, Jesús tampoco servía como héroe. Ser crucificado era a sus ojos algo así como lo menos heroico que cabía imaginar. Con la reinterpretación que Pablo da a la muerte en la cruz convirtiéndola en un triunfo, en un sacrificio categórico con el que se asume toda la culpa de la humanidad, puso patas arriba la escala de valores de la Antigüedad y redefinió el final heroico. Con esta paradoja —victoria a través de la renuncia a la violencia— formuló algo que se convirtió en el núcleo ideal del mundo occidental, y también del que más tarde sería el canon de valores seculares de Occidente: el respeto al débil, la preocupación por los necesitados, el compromiso por la vida de todos y cada uno.

Un cristiano no afirmará que ese espíritu gobierna el mundo, y menos Occidente, pero difícilmente se puede negar que este tuvo un efecto altamente revolucionario en nuestra sociedad. El menosprecio del burdo poder del más fuerte, la contención de la arbitrariedad, todo lo que constituye la idea occidental de justicia y legalidad ha resultado ser —aunque esté construido sobre el respeto a los más débiles— un fundamento más estable para una sociedad progresista que el que sostiene los regímenes arbitrarios. La fuerza del modelo occidental europeo reside, al parecer, en su respeto por la debilidad.

Hasta hace poco tiempo algunos mercados emergentes eran considerados proyectos contrarios al modelo occidental, entretanto sus déficits en cuanto a libertad, apertura, tolerancia y constitucionalidad son frenos para el desarrollo. Hay buenas razones para defender lo que llamamos «valores occidentales». En el fondo se basan en el respeto hacia el débil, solo que a menudo lo olvidamos. Por eso tenemos una red tan tupida de hospitales. Y, de no haberla, no existiría el estado del bienestar basado en la solidaridad que da a todos los ciudadanos, incluidos los emigrantes, la posibilidad de formar parte de la sociedad. Si el modelo de sociedad europeo no estuviera asentado sobre el principio del respeto al débil, Europa no sería tan fascinante y no atraería a personas de culturas que no conocen este respeto.

No sé cuál es el secreto de la no-violencia, qué puede encerrar tanta excelsitud y una fuerza tan paradójica. Algunas cosas se entienden de manera intuitiva más que penetrando racionalmente en su interior. Solo sé que, si incluso a un hombre

poderoso como Bismarck le resultaba sospechoso un prestigio terrenal demasiado grande, al parecer hay algo de verdad en el carácter especial de
nuestra idea occidental de heroicidad. A todos
nos han enseñado desde pequeños a ver como héroe a quien arriesga su vida por defender a los
más débiles y a sentirnos más cerca de una Zenobia que de un prepotente Aureliano. Héroes son
para nosotros las guerreras —¡el espíritu de Zenobia no ha muerto!— que en el norte de Siria, y
siguiendo el ejemplo de las milicias curdas YPG,
puramente femeninas, se han unido para crear
unidades de combate antislamistas. Héroes son
para nosotros personas como Pablo, que consiguió un triunfo desde el punto de vista de la historia universal, aun cuando el emperador Nerón
lo hiciera ejecutar. Héroes son para nosotros también personas como Khaled Asaad.

A continuación la lista —reconozco que muy
personal— de los 10 héroes más importantes ordenados de forma cronológica:

1. Moisés (hacia el año 1500 a. C.): ¿Fue un
   personaje histórico? Así como los relatos de
   la prehistoria no han de entenderse como
   manifestaciones científicas, tampoco el libro
   del Éxodo es una representación histórica en
   el sentido tradicional. Sin embargo, las historias recogidas en dicho libro contienen testimonios plausibles sobre la esencia del hom-

bre y su relación con la creación y el creador. Allí donde en la mitología de las culturas primitivas del desierto y de los ríos lo que cuenta es la violencia y la ley del más fuerte, los relatos de la Torá infunden sentido, orden y una dimensión moral a la historia del hombre. Y, a través de Moisés, la idea de la libertad. El Éxodo cuenta la primera revolución de la humanidad.

2. Pablo (hacia 5 a. C.-64 d. C.): El intelectual judío con una discapacidad física fusionó el judaísmo, el cristianismo y la filosofía griega, creó una religión universal e inventó el individualismo.

3. Zenobia (hacia 240-273): Representa a todas las figuras extraordinarias de la historia universal, por las cuales hoy en día apenas nadie se interesa. Algo así como un *memento mori* para el carácter efímero incluso de los grandes nombres.

4. Carlomagno (hacia 747-814): Quien se mofa de Putin en la actualidad porque se deja ver en público con el torso descubierto ha de saber que el primer emperador franco solía bañarse desnudo a la vista de todos para mostrar al mundo su vitalidad. Fue el primer emperador superestrella de Europa. Desde su bastión de batalla en Paderborn, conquistó (y cristianizó) el centro de Europa y lo repartió entre sus seguidores. Creó la Europa actual.

5. Martín Lutero (1483-1546): Desde la perspectiva alemana seguro que es un héroe, una especie de segundo Arminio que se levantó contra los superpoderosos romanos. Fue valiente, tuvo buenas intenciones, transformó el mundo, fue pues un héroe en el sentido hegeliano. No obstante también hizo daño; Max Weber dice que en todo caso el capitalismo es de su cosecha.

6. La reina María Antonieta (1755-1793): La princesa austríaca que acabó en el cadalso en París y que, camino del patíbulo, pidió perdón a su verdugo por haberlo pisado es mi heroína personal y por eso tiene que figurar de todas maneras para mí en esta lista.

7. Florence Nightingale (1820-1910): «La dama con la lámpara», la fundadora de la enfermería moderna. Alguien así tiene que estar en este decálogo.

8. Janusz Korczak (hacia 1878-1942): El médico polaco que acompañó voluntariamente a los niños de su orfanato al campo de concentración de Treblinka porque no quería dejar solos a esos niños que le habían sido encomendados. Figura aquí en representación de otros mártires del amor.

9. Nelson Mandela (1918-2013): Si en el siglo XIX Hegel y Burckhardt convierten en héroes a señores de la guerra sin que nadie les lleve la contraria, tiene que permitírsenos a noso-

tros hacer lo propio con pacifistas. Este descendiente de la casa real tembu y luchador por la independencia de Sudáfrica permaneció casi un tercio de su vida en la cárcel. Tras su liberación, no quiso resarcirse sino que luchó por la reconciliación.

10. Khaled Asaad (1933-2015): En representación de todos los que se quedaron.

5

EL PROBLEMA DE HUMPTY-DUMPTY

(¿Se puede reparar el mundo? Y, si es así, ¿cómo?
Las ideas más importantes hasta el momento)

> Ningún ejército puede detener una idea
> a la que le ha llegado su momento.
>
> VICTOR HUGO

El director de cine francés Jean Luc Godard tiene una idea simpática para hacer remontar la economía nacional griega: siempre que alguien hable o debata utilizando ideas de los antiguos griegos deberá transferir 10 euros a Atenas. Únicamente con los derechos de autor sobre los términos «democracia» o «lógica» quedaría saneado de golpe el producto nacional bruto de Grecia. Con la palabra «sensatez», σωφροσύνη, probablemente no podría ganarse tanto dinero y eso que *sofrosina* es, en realidad, la idea central y con creces la más bella de la Antigüedad. Por ello también es el motivo central del teatro griego. En él siempre ocurre lo mismo. Siempre sale a la palestra un perso-

naje que somete al mundo con un acto heroico...
y acaba cayéndose de bruces. Pero esta moraleja
bastante transparente del «no te pases» nos llega
a través de un murmullo misterioso lleno de reve-
rencia ante las casi infinitas capacidades del hombre. Haga el favor de imaginarse aquí el coro en
Antígona de Sófocles que susurra al fondo: «Muchas cosas hay portentosas, pero ninguna tan
portentosa como el hombre... (ara la tierra las 24
horas de día y así sucesivamente) Con sus tram-
pas captura a la tribu de los pájaros... y al pueblo
de los animales salvajes... A veces los encamina
hacia el mal, otras veces hacia el bien».

El hombre es capaz de las obras más grandio-
sas. Y de lo más miserable. De ambas cosas es
capaz. Sus posibilidades son tan inmensas que la
capacidad de limitarse a sí mismo y de no hacer
todo lo que podría hacer es la forma más elegante
de libertad. Lo dicho: *sofrosina*, la sensata auto-
rrepresión. Dominar el mundo, como canta el
coro, y aun así encontrar la justa medida... Sí, si
esto fuera posible. Si hubiera que resumir la moraleja de todas las historias de Homero, la frase
acabaría siendo esta: «Haz de tripas corazón,
contrólate». Para Homero, lo bueno, lo virtuoso
no solo es lo correcto desde el punto de vista moral, sino que además es la opción más hermosa.
Allí donde el hombre se contiene a sí mismo —así
la esencia de la *sofrosina*—, reina la armonía. La
fidelidad, la bravura, la honestidad, la justicia,

todas estas cualidades irradian belleza y armonía. La traición, el robo, la infidelidad y todo lo que está encaminado a la ventaja propia y no conoce esta contención, según Homero, sobre todo es lisa y llanamente feo. El hombre tiene la posibilidad de elegir entre lo bueno y lo malo, lo feo y lo bello.

Si bien Homero y la Antigüedad son un punto de partida cómodo para formarse una idea acerca de la historia de nuestro pensamiento, quedarse ahí sería demasiado cómodo. Hay que empezar más atrás cuando se habla de la historia de las ideas.

¿SE LE OCURRE ALGO A ALGUIEN?

¿Qué es en realidad una idea? La palabra ἰδέα significa en primer lugar «imagen» o «reflejo». La primera idea es ante todo la idea misma, la imagen en la cabeza. Ya para fabricar la herramienta más simple, un bifaz, se necesita una idea, es decir, saber qué aspecto se le va a dar. Se necesitan imágenes en la mente para pensar. También nuestros antepasados cazadores y recolectores tenían imágenes en la mente cuando veían las huellas de un venado. Veían la presa cercana en su imaginación. Aprendieron a leer e interpretar las huellas. Y quien pintaba imágenes de animales salvajes en las paredes también perseguía sin duda una idea. Por ejemplo, la de poder conjurar con ello la suerte del cazador y la de su tribu.

Una idea bastante temprana del hombre tiene que haber sido también la creencia de que hay personas que poseen un vínculo especial con lo sobrenatural y que pueden influir sobre la suerte de una comunidad en la caza y la salud. Más tarde no fue solo el éxito en la caza, sino también la cosecha, en lo que se creía depender de la mediación. Los primeros líderes de la historia de la humanidad fueron probablemente chamanes. A este respecto se puede decir que los más talentosos de espíritu y carismáticos se impusieron, o que los que mejor fardaban y decían gilipolleces asumieron el poder. Una cosa no excluye la otra. En cualquier caso, en la estructura social primitiva los magos forman la capa más alta, a esta le sigue por debajo la de los guerreros, los más fuertes. Estos, a su vez, tenían sus propios dirigentes. Más tarde se produjeron conflictos sobre quién era el que en realidad cortaba el bacalao. Con la creciente especialización, todas las culturas humanas primitivas desarrollaron fuertes jerarquías. También las hormigas y las abejas tienen jerarquías, igual que los monos naturalmente, pero solo los seres humanos son capaces de imaginárselas y, luego, organizarse siguiendo acuerdos comunes. Las jerarquías que hemos logrado también son una idea humana, una sin la cual ya solo por razones de organización no habrían podido desarrollarse las grandes civilizaciones.

¿O acaso la jerarquía no es una idea sino algo que ya está dado? ¿Por naturaleza? ¿Un designio divino? ¿Y qué decir de la libertad? Hasta el momento en que se empezó a enaltecer aquello que llamamos libertad, pasaron miles y miles de años de historia de la cultura humana. La mayor parte del tiempo de la historia el hombre no ha sido libre. No ser libre era lo más normal del mundo. Que hubiera personas que pertenecieran a otras fue algo que durante milenios no se cuestionó (irónicamente incluso hasta entrado el siglo xviii en la Norteamérica supuestamente liberal). La idea de poder ser libre fue considerada absurda durante la mayor parte del tiempo de la historia de la humanidad. En las antiguas lenguas orientales ni siquiera había una palabra para libertad. La primera vez que aparece el término fue en la edad de bronce cuando, entre el siglo xvi y xii a. C., pueblos nómadas semitas se hicieron notar rebelándose contra la servidumbre del poderoso Egipto. En algún momento hacia el año 1400 antes de nuestra era, tiene que haber habido rebeliones y migraciones masivas; en cualquier caso, lo que históricamente no se puede reconstruir con exactitud se condensa en un relato impresionante escrito en los siglos vii y vi antes de nuestra era en la Torá hebrea. El relato que hasta ese momento solo había sido transmitido de manera oral durante generaciones desplegó un efecto tan enorme que hoy en día se considera el mito fundacional del mundo judío, cristiano y musulmán, y con ello del mundo moderno: se trata de la historia del Éxodo.

Desde el punto de vista de la historia de la humanidad, lo revolucionario, lo novedoso en esta narración, rebelión de los judíos contra los egipcios y su huida legendaria hacia la tierra santa, no es solo que se trata del primer movimiento de liberación, de resistencia masivo documentado contra la servidumbre, siendo secundaria la pregunta de si hubo un éxodo o si en la historia de Moisés se condensaron de manera alegórica varias sublevaciones y movimientos migratorios. Lo que importa es que el Éxodo marca la transición del politeísmo al monoteísmo gracias a su enorme impacto. En el fondo el informe sobre el Éxodo, tal y como fue descrito en los libros de Moisés, es el anuncio de una alianza. Una alianza no puede existir sin fidelidad y la fidelidad implica libertad, de lo contrario la fidelidad no vale nada. En el Antiguo Testamento, *fe* significa lo mismo que *fidelidad* o *confianza*. La fe quiere decir que Dios cierra un pacto con los hijos de Israel para liberarlos de la servidumbre. Equivale a una relación legal con Dios. Con ello este deja de ser, como en las religiones politeístas, impersonal, arbitrario e imprevisible, para pasar a ser un interlocutor concreto que acompaña en su camino a una comunidad de personas, en este caso los judíos. Con este monoteísmo de la fidelidad se da el primer paso para el desencantamiento del mundo. Es el primer paso de alejamiento de la creencia en la magia y en las fuerzas irracionales que arbitrariamente deciden sobre la vida y la muerte y que tienen que ser aplacadas mediante ofrendas, hacia un pensamiento dominado por la razón.

El relato del Éxodo explica el mundo ya no como lugar donde reina el caos y el poder del más fuerte, sino que interpreta la historia desde el punto de vista moral y conforme a leyes éticas.

Es cierto que el monoteísmo judío tampoco surge de la nada —la tradición comienza con las antiguas religiones persas y conduce al judaísmo pasando por el faraón egipcio Akenatón—, pero la revolución monoteísta de Akenatón gira en torno a la verdad y no a la fidelidad. Lo novedosamente revolucionario que se expresa en el relato del Éxodo es en esencia la pregunta de si Dios tiene pensado un destino para nosotros y, si es así, cuál. Los antiguos persas o egipcios nunca se formularon esta pregunta; se entendían como seres humanos que, junto con los demás seres vivientes, incluidas las deidades, habían surgido con el nacimiento del mundo, siendo la razón de ser de los dioses no otra que la de mantener el mundo en marcha. Los seres humanos pueden apoyarles un poco en la labor mediante sus ritos; la meta no es la transformación del mundo sino la conservación temerosa del *status quo*. El mito del Éxodo, en cambio, cuenta otra historia completamente diferente. Habla de un mundo en el que Dios libera a un pueblo de la servidumbre y persigue con él un proyecto común: la realización de una sociedad más justa. La historia, que es a partir de ese momento un proyecto, tiene de repente una dirección y una meta, y los humanos desempeñan un papel decisivo en ella.

Con el libro del Éxodo y las religiones monoteístas que se basan en él se manifiesta (para todos los judíos creyentes de forma definitiva, y para los cristianos y musulmanes por primera vez) un dios que sale de su retiro y anuncia, revela a los hombres su voluntad. Por eso se llama al judaísmo, al cristianismo y al islam religiones reveladas. Estas, con su ética reformista del mundo, son, como quien dice, los antepasados más remotos de todas las ideologías o ismos. Sin el judaísmo, el cristianismo y el islam no se puede entender, por ejemplo, el proyecto del marxismo. El ser humano comienza a crear un mundo justo: esta es la encrucijada quizá más importante de la historia de la humanidad en cuanto al pensamiento. Al principio Jehová, al manifestarse únicamente a Moisés y a Abraham, solo era el dios de los judíos, pero entre la alianza con unos cuantos hombres y la que concierne a todos solo media un pequeño paso. El próximo, la evangelización del mundo, es igualmente lógico. La comunidad de los nazarenos tiene la trayectoria más sorprendente: de ser una pequeña secta judía pasan a convertirse en la cristiandad, la religión más grande el mundo (aproximadamente una tercera parte de la población del planeta es cristiana). Pero también es considerable el éxito de otra religión cercana al judaísmo: el islam. Conviene examinarlo detenidamente.

LA CASA DE LA PAZ

El atractivo y al mismo tiempo la desgracia del islam es que se trata no solo de un proyecto religioso sino sobre todo de uno social. Forma parte de un capítulo sobre la historia de las ideas porque es la primera gran utopía de la historia de la humanidad.

En el islam no se trata solo de la devoción personal, sino sobre todo de la instauración de una convivencia social justa conforme a los designios de Dios en la tierra. Esta es, al mismo tiempo, la diferencia central con respecto a las otras dos religiones abrahamistas. Desde el punto de vista musulmán, Dios tiene una idea exacta de cómo tiene que ser la sociedad humana. A través de los profetas —según los musulmanes, Mahoma es el último y decisivo—, Dios nos ha to-

mado una y otra vez de la mano porque solos, sin
recibir de vez en cuando instrucciones, estaríamos perdidos. Según la convicción islámica, el
amor de Dios hacia nosotros es tan grande que
quiere que vivamos una vida feliz y correcta ya
aquí en la tierra y no tengamos que esperar a estar en el paraíso. La fe en la posibilidad de un
mundo pacífico y armónico forma parte del islam. La denomina «casa de la paz» (Dār al-Islām,
دار الإسلام). Por eso, una separación entre religión y
Estado resulta absurda para el islam. Es un proyecto que abarca todos los ámbitos de la vida, incluidos, naturalmente, la economía y la política.
Este también es el motivo por el cual es tan difícil
lograr la sintonía entre el islam y una sociedad
plural. No está concebido para esta finalidad.
Bajo el techo del islam, en la «casa de la paz» es
imaginable una convivencia pacífica y plural,
pero fuera de este techo no. No existe un proyecto para el islam como parte de una sociedad plural con igualdad de derechos ni tampoco bajo el
paraguas de otra cultura. Se trata, por tanto, de
algo que es más que una religión; el islam es una
utopía religiosa. Y eso es lo que en definitiva la
hace tan extraña desde el punto de vista cristiano
o judío. Tanto los unos como los otros consideran que las utopías son peligrosas porque es pre-
suntuoso que el hombre pretenda crear con su
propia fuerza el paraíso en la tierra. Para ambos,
la existencia terrenal tiene un fallo desde tiempos

de Adán y Eva, y no hay poder humano que pueda repararla. Un poco como Humpty Dumty, el cabeza de huevo en la rima infantil inglesa —que se cayó del muro, se hizo pedazos y «ni todos los caballos ni todos los hombres del rey» pudieron a Humpty recomponer—, el ser humano necesita, según el punto de vista judeocristiano, de Dios para salvarse definitivamente. Estamos obligados a trabajar por la reparación del mundo, pero esta obligación responde siempre a órdenes expresamente transitorias. Toda acción de Dios en la historia está encaminada tanto desde la perspectiva judeocristiana como desde el punto de vista del islam a la salvación del hombre, pero, según el relato del Génesis y del Éxodo, los humanos saboteamos con nuestra soberbia una y otra vez el plan de Dios. Los judíos y los cristianos esperan la perfección solo en el final de los tiempos. Al devoto lector del Corán, por su parte, oír decir que el mundo está fastidiado tiene que sonarle a blasfemia. Mientras el cristianismo ve en la imperfección, en el dolor un misterio más profundo, el islam aspira a un mundo sin ningún tipo de imperfección. En el cristianismo, los pecadores pueden ser explícitamente los portadores de la salvación: el Nuevo y el Antiguo Testamento están llenos de asesinos que encuentran la misericordia, desde el estafador Jacob hasta el primer Papa Pedro, un traidor, pasando por el rey David, asesino y don Juan.

La enumeración de la parentela de Jesús en la Biblia, llena de asesinos y prostitutas, tiene como objetivo mostrar la aceptación del hombre con todas sus fracturas. El islam, en cambio, está encaminado a la perfección terrenal. El cristianismo es expresamente antipurista; por parte del islam, no hay «interpretación puritana», el islam es en esencia puritano. Pero no para atormentarnos, sino para hacer que nos vaya bien.

Lo agradable de libros como el que tiene usted en la mano es que le transmiten a uno la buena sensación de que la humanidad entera tiene una única historia. Cuando uno se dedica a examinar el islam, contempla un proyecto de mundo completamente diferente. Corre el peligro de reconocer que existen al menos dos grandes relatos de la humanidad que compiten entre sí. La historia del islam tiene muy poca difusión en nuestras latitudes. Es una historia bastante hermosa, pero también muy triste. Se trata de la historia de un mercader que al cumplir sus 40 años entra en una crisis existencial, se marcha al desierto para reencontrarse a sí mismo y vive allí una experiencia de conversión que cambia su vida y con ella, a largo plazo, la de una cuarta parte de la humanidad. Es una historia de fidelidad y traición de un hombre probablemente iluminado que rompe con el politeísmo de la península arábiga y desde allí crea un imperio universal con la firme voluntad de velar por la justicia y la paz absolutas. El sueño primitivo del islam en su calidad de utopía se acerca mucho al marxismo y despierta una simpatía similar: una sociedad perfecta, justa, igualitaria y caritativa. Una sociedad que, por cierto, ofrecía sin duda espacio para sociedades paralelas inconformes y aisladas dentro de su propio ámbito. En el califato que los sucesores inmediatos de Mahoma instauraron a la velocidad del rayo en toda el área mediterránea, los judíos y los cristianos no lo tenían mal. En vida, Mahoma tuvo una relación cordial con los cristianos. Un primo de la primera esposa de Mahoma era cristiano. También su trato con los judíos fue estrecho. La decapitación en Medina de entre 400 y 900 judíos pertenecientes a la tribu de Banu Qurayza, en el año 627, muestra que quedan algunas cosas por aclarar respecto al tema de la violencia y del islam, pero no es prueba de que hubiera una hostilidad por parte de Mahoma hacia los judíos, como se afirma a menudo. La tristemente famosa orgía de ejecuciones no estuvo dirigida expresamente contra judíos, sino contra la tribu de los Banu Qurayza que habían traicionado a Medina; al menos así lo veía Mahoma. Tampoco hubo una enemistad a muerte entre los hermanos Isaac e Ismael, los padres míticos de los judíos y los árabes. Las madres de ambos se odiaban, esto está documentado, pero que Ismael e Isaac no se llevaran bien no aparece en ninguna parte en la Biblia, tampoco en los mitos apócrifos no incluidos en la Biblia.

El islam adoptó un número relativamente elevado de prácticas religiosas judías: circuncisiones y lavados rituales, división entre comidas puras e impuras, ayuno. Las minorías, sobre todo cristianos o judíos, pudieron desarrollarse sin mayores impedimentos en el califato primitivo y también más tarde en el Imperio Otomano, construyendo templos e iglesias; la cultura judía incluso pudo llegar a un verdadero apogeo en lugares como El Cairo, algo imposible bajo el dominio cristiano. Los primeros califas, los descendientes inmediatos de Mahoma, tienen que haber sido personas muy tratables, humildes y simpáticas. El primero de ellos, Abu Bakr, fue un mercader de éxito: Había donado su fortuna para obras de beneficencia y llevaba una vida tan modesta que a veces ordeñaba la vaca de su vecino para mejorar sus ingresos. Omar, el segundo califa, tiene que haber sido el más impresionante de los sucesores de Mahoma: un gobernante justo y bondadoso como salido de un libro de cuentos. Tamim Ansary lo describe en *Destiny Disrupted: A History of the World through Islamic Eyes* como una mezcla de Pablo, Karl Marx, Lorenzo de Medici y Napoleón. Después de invadir Jerusalén, no solo declaró ante el perplejo pueblo: «Seguid viviendo y orando según vuestras costumbres», sino que también protegió a los peregrinos y las iglesias.

¿Dónde empezaron entonces a torcerse las relaciones entre las religiones abrahamistas? No fue durante las cruzadas. Aunque esta es una opinión bastante extendida. Dos meses después de los atentados del 11 de septiembre de 2011, Bill Clinton dijo ante un auditorio en la Universidad de Georgetown: «Aquellos entre nosotros cuyos antepasados provienen de países europeos no están libres de culpa». La inglesa Britin Karen Armstrong, una exmonja católica, estudiosa de la historia de las religiones y autora de textos de divulgación religiosa asegura incluso que «las cruzadas fueron una razón directa por la cual existe el actual conflicto en Oriente Próximo». Y eso que antes del siglo XIX las cruzadas no despertaron el menor interés entre los musulmanes. Desde el punto de vista europeo, las cruzadas de los siglos XII y XIII fueron sin duda decisivas: supusieron enormes gastos, la pérdida de generaciones enteras de descendientes de las élites, y el contacto con un mundo completamente nuevo y también enriquecedor, mientras que para el mundo oriental fueron un fenómeno marginal. Los Estados implicados en ellas se hallaban en la periferia más occidental de Oriente. En los centros reales del mundo árabe, en El Cairo y Bagdad y sobre todo en la Península Arábiga no se tuvo noticia de ellas. Los cronistas de la civilización árabe tomaron los asaltos como arremetidas de un pueblo primitivo, ignorante, no musulmán y por tanto no ilustrado. Para los árabes los ataques a los odiados turcos no fueron siquiera inoportu-

nos. No fue hasta el siglo XIX, cuando el Imperio
Turco-otomano se convirtió en el «enfermo del
Bósforo» y quedó rezagado con respecto a Occidente para hundirse finalmente, que aquí se acor-
daron del tema de las cruzadas y la presunta rabia
acumulada contra Occidente, pues los resentimientos siempre han sido un medio eficaz para
disimular el propio fracaso.

La ruptura de las relaciones entre Oriente y
Occidente fue más bien algo que se gestó paulatinamente. A partir del siglo XIII empieza la decadencia cultural en el mundo árabe. Nadie puede
explicar las causas con exactitud. Algunos dicen
que es uno de los enigmas más grandes de la historia de la humanidad. Durante siglos, el mundo
árabe islámico llevaba una ventaja considerable.
En los siglos VII y VIII, en una época en que los de
nuestra tribu andaban cazando jabalís en las profundidades del bosque —el tópico es realmente
cierto—, ya había en las ciudades del mundo islámico amplias avenidas, vías aplanadas, sistemas
de regadío y puertos, así como centros comerciales controlados por vigilantes (basares): un *boom*
de la construcción comparable al que se registra
hoy en día en los países del golfo, avivado por
créditos concedidos alegremente, priorizando a
los amigos. A la par con los créditos generosos,
empezó también el tiempo del favoritismo. Una
tesis corriente es que la decadencia de la cultura
islámica ya estaba en ciernes en la época del cuar-

to califato (656-661), cuando se produjo la recaída en el viejo pensamiento tribal. Le sucedieron otros muchos gobernantes justos, pero los musulmanes todavía denominan a los primeros cabecillas del Imperio Islámico «califas bien guiados». Probablemente los inmediatos seguidores de Mahoma intentaron, en efecto, crear una sociedad justa, igualitaria y pacífica. Quizá precisamente por eso tuvieron que fracasar.

A los árabes les gusta afirmar que, gracias a su propensión a la magnanimidad, la caballerosidad y el vivir y dejar vivir, la decadencia del esplendoroso Oriente está estrechamente relacionada con que cedieron las riendas del comercio y las dejaron en manos de los burdos turcos, de los otomanos. Puede que en ello haya algo de verdad. La idealizada dinastía de los abasí, con la que se asocia el Bagdad de *Las mil y una noches*, la edad del oro del islam, tenía la costumbre de convertir a esclavos de lejanos países, sobre todo a turcos y eslavos, en soldados y funcionarios de élite personales. Y lo hacían por una sencilla razón: no confiaban en sus súbditos. De esta forma, surgió una nueva clase de élite, de la cual desconfiaban los súbditos y que a su vez confiaba aún menos en estos. La sociedad se fue fracturando cada vez más en favor de la única lealtad en la que desde generaciones podía depositarse la confianza: la del propio clan. Con el asalto de los mongoles, que conquistaron el mundo islámico

asesinando y saqueando para acabar convirtiéndose al islam, el ambiente se fue enrareciendo a
ojos vistas. Los otomanos, que hacía no mucho
tiempo dominaban el mundo islámico, procedían
originariamente de nómadas de Asia central que
habían huido de los mongoles. Estos recién llega-
dos no se fiaban ni un pelo de sus súbditos árabes
y persas. Y viceversa. La idea de Estado y de cooperación social no tiene tradición en el mundo
árabe; se mire donde se mire, en ninguno de sus
Estados actuales hay una sociedad civil que fun-
cione o algo que pueda denominarse espíritu co-
munitario. En casi todas partes gobiernan dicta-
dores que cuidan de sus respectivos clanes o, en el
mejor de los casos, son monarcas autoritarios pa-
ternalistas. Da igual en qué época, bajo los otomanos, en la colonia, durante la independencia o
después de la primavera árabe, en casi todo el
mundo árabe, la gente se ve ahogada por la re-
presión, la injusticia, el nepotismo y la corrup-
ción, y no tiene más remedio que ver crecer a sus
hijos en un mundo azotado una y otra vez por ci-
clos de violencia étnica y sectaria. Tras la Crisis
de Suez en 1965 que marcó el final del colonialis-
mo en el mundo árabe, se vivió de nuevo un breve lapso de optimismo. En Egipto, Argelia, Tú-
nez, Siria y Yemen había gobiernos nacionalistas
y progresistas. «Dadme cinco años y haré de Siria
una segunda Suiza», dijo Husni az-Za'im en 1949,
cuando subió al poder mediante un golpe de esta-

do apoyado por la CIA. Resulta casi cínico citar hoy en día estas palabras.

Con su libertad postcolonial, los árabes han obtenido pocos logros dignos de admirar. Y eso que durante décadas han fluido miles de millones en cantidades nunca vistas hacia el orbe arábigo. Con el capital que ha fluido desde Occidente hacia el mundo árabe desde la independencia de los otomanos y los Estados coloniales para financiar sus pozos petrolíferos, siderurgias, autopistas y aeropuertos, sumado a sus propios recursos naturales, tendrían que haberse podido instaurar varias confederaciones suizas. Pero independientemente de si se trataba de una dictadura militar, una monarquía hereditaria, un híbrido típico de esas latitudes o de los llamados estados socialistas (Gadafi denominó así a su país y se dirigía a los beduinos llamándoles «obreros y compañeros»), en todas partes el progreso significó consolidación de la autarquía, del nepotismo, del clientelismo y del despotismo. Apenas si existe algún lugar en el mundo islámico en el que uno pueda tener la agradable sensación de poder gozar en todo momento de la protección del Estado de Derecho. Desde hace décadas, millones de personas votan con los pies, manifiestan su voluntad abandonando el mundo árabe y prefiriendo ir a vivir a Occidente. Los primeros en hacerlo son las élites que tienen sus casas en la Costa Azul y sus depósitos bancarios en Ginebra.

UNA HEMBRA ATRACTIVA

Una de las ideas con más gancho es la idea de Europa. La palabra *Europa*, para que lo sepan todos los europeos preocupados, es de origen oriental. Proviene de Oriente Medio. Aparece por primera vez en una historia en la que un dios ebrio de amor, llamado Zeus, quiere poseer a una enorme hembra del este. La mujer que lo ha excitado se llama Europa y es la hija de un rey que proviene de la zona del actual Líbano. Zeus la secuestra y la deja preñada. Hasta aquí se trata de una historia de un crimen con motivación sexual, pero tiene un final feliz. El hijo de ambos se convierte en un rey justo que gobierna con prudencia. Es una historia inventada y, sin embargo, en el fondo de los fondos, probablemente cierta. Nuestra historia comienza con una dosis bastante alta de violencia, pero luego Europa de alguna manera sale airosa, crea civilización, legalidad, todo aquello que la convierte en un lugar tan atractivo. Parece como si Occidente hubiera encontrado la respuesta a una pregunta que las gentes de Oriente siempre se han planteado en vano. Con lo cual volvemos a estar ante las utopías y el tema que, en realidad, nos ocupa: las ideas para un mundo mejor.

En Oriente emprendieron la búsqueda del paraíso en la tierra. En Occidente hubo que reconocer en algún momento, tras algunas experiencias muy sangrientas, que ese paraíso no existe y que no nos queda más remedio que conformarnos con ir mejorando un poco lo imperfecto. Cuestionar una y otra vez todo lo existente porque tenemos la firme convicción de que el paraíso no es humanamente realizable, no es alcanzable y, por lo tanto, nadie está en posesión de la verdad absoluta; esta es la idea primigenia de la democracia y del pluralismo.

Puesto que el islam cree en la posibilidad de una sociedad perfecta, se ha visto obligado a insistir en la unidad entre religión y Estado. Y como Occidente no cree en la posibilidad de la perfección terrenal, y lo manifiesta expresamente, es más que lógico que la Iglesia y el Estado hayan seguido aquí cada cual su camino; y que la democracia se haya convertido en la única manera de dominar el desconcierto y las opiniones divergentes. Aproximadamente desde Platón, también se sabe que la democracia no es la panacea, pues secunda el juego de demagogos y demás. Pero desde Churchill, a más tardar, también somos conscientes de que, en el conjunto de pésimas y miserables formas de gobierno, es la menos mala. Por eso la democracia, por mucho que se haya abusado del término y por muy sórdido que haya sido lo que se ha bautizado con este nombre, quizá sea, después de la libertad, una de las ideas más hermosas y a la vez humildes de la humanidad. Porque nace de la evidencia de no haber despejado la verdad última y de no ser más erudita que el resto.

Esta mentalidad de cuestionarlo siempre todo es, según Popper, el pensador liberal más importante del siglo xx, específicamente nuestra, europea. Es la característica esencial y al mismo tiempo la ventaja central en cuanto a competitividad que tiene un Occidente libre frente a un Oriente mucho más replegado sobre sí mismo en lo intelectual. Para Popper la característica de Occidente es su constante inquietud espiritual. La explica con motivos geográficos. Habla del estrecho espacio del fragmentado apéndice eurásico, donde las diferentes culturas chocan entre sí como en un cuello de botella; ese estrecho espacio, afirma Popper, creó una atmósfera determinada, una mentalidad marcada por la agilidad intelectual. Dice que el europeo ha sido entrenado desde muy pronto a cuestionarlo todo una y otra vez. El espíritu al que dieron origen estas circunstancias es para él el secreto de la civilización occidental. En uno de sus ensayos, Popper plantea abiertamente la pregunta: «¿Es nuestra cultura la mejor que existe?». Y responde con un empático: «Es la mejor porque es susceptible de ser mejorada». Ya la obligación de tener que corregir, ajustar una y otra vez las propias ideas y comprender que no existe un único camino que conduzca a la verdad hace de Occidente, de Europa, hoy en día un lugar tan atractivo.

¿Le faltó a Oriente la inquietud que mantuvo despierto a Occidente? ¿Tal vez fueron paradójicamente las grandes catástrofes, la sucesión de expulsiones y movimientos migratorios, las epidemias de peste y las guerras de religión lo que nos obligó una y otra vez a repensarlo todo, a perseguir nuevas posibilidades de convivencia y cooperación entre ideologías contradictorias y a buscar reglas fiables y vinculantes? Las fricciones entre el Papa y el emperador, entre la Iglesia y el Estado fueron un factor decisivo de la inquietud que tampoco conoció Oriente.

El espíritu que caracteriza a Occidente también tiene, cómo no, lados oscuros. El «imperialismo cultural», por ejemplo. De la conciencia de ser la cultura más dispuesta a mejorar y por lo tanto la más civilizada se deriva la pretensión de expandir la propia cultura, por considerar que es en aras del bienestar general. Los romanos lo hicieron con la mejor de las conciencias y nosotros lo hacemos desde hace más de quinientos años sin apenas reprimirnos dándonos palmaditas en el hombro. En el pasado se hizo con el propósito de difundir la religión verdadera; hoy lo hacemos en nombre de los derechos humanos y del bienestar.

Aquí lo tenemos de nuevo: el espíritu que todo lo cuestiona. En China o Catar no se plantean estas preguntas. Este es el segundo punto débil de este espíritu europeo que nos caracteriza: su fuerza potencialmente autodestructora. Quien no acepta nunca verdades definitivas ¿acaso no acaba no creyendo en nada? ¿Qué queda entonces en definitiva? ¿Es acaso una debilidad de Occidente el no tener una idea unitaria y cohesionadora? Popper diría ahora: «Deberíamos estar orgullosos de no tener una única idea homogénea, sino muchas». (Curioso, dicho sea de paso, que sea precisamente él quien lo diga, cuando al parecer era muy autoritario en el trato personal... En fin, da lo mismo.) Ratzinger le contestaría que la convivencia de diferentes ideas solo es practicable cuando existen algunos principios innegociables, algunas constantes que no se pueden desarbolar por decisión de la mayoría. Una de las consecuencias positivas de la multiculturalidad de nuestros días podría ser el hecho de que nos obliga a pensar en el *core-essentials*, los elementos constitutivos no negociables de nuestra cultura. Sin embargo, se hace cada vez más difícil en un mundo en el que todo existe en igualdad de derechos, en el que da lo mismo si crees en los valores judeocristianos o, como los cienciólogos, en un malvado soberano llamado Xenu que hace setenta y cinco millones de años supuestamente desembarcó a sus sujetos en volcanes y los hizo volar por los aires con bombas de hidrógeno.

Llevar el pensamiento liberal de un Popper hasta sus últimas consecuencias puede conducir a la completa relativización de todas las verdades y con ello a una situación en la que ya nada tenga validez. En lugar de dogmas religiosos y liberales, un día podría aparecer el dogma científico, según el cual todo está permitido mientras sea de utilidad para los hombres. Tal y como dice Kant, el rey de la Ilustración, que hace del hombre el único legislador de su moral. La ironía será que el hombre completamente liberado de reglas y camisas de fuerza éticas devendrá una amenaza para sí mismo. Quizá la s*ofrosina*, la autorepresión, no sea entonces una mala idea...

Aquí la lista de las ideas más determinantes de la humanidad:

1. La idea: La idea más importante es, ante todo, la idea misma. Se necesitan imágenes en la cabeza para pensar. La capacidad de formarse una idea de algo, sea un bifaz, un bote o un cohete espacial y realizarlo luego teniendo esta idea en la mente es lo que realmente sorprende del ser humano.

2. El tiempo: Hubo culturas para las cuales el tiempo era una ciencia oculta. Hubo calendarios secretos. Luego hubo culturas en las cuales la posición del sol determinaba las labores del día. Cuando en el siglo XVIII se implantó el servicio de diligencias en Gran Bretaña, en todo el país había horas diferentes: en Londres las doce del mediodía, mientras en Liverpool podían ser las 10.30. Como no había teléfonos ni radio, tampoco importaba. No

fue hasta la Revolución Industrial cuando el tiempo empezó a ser vinculante. Hoy en día existe incluso el tiempo universal. Una prueba de que es obra del hombre y una idea influyente.

3. La libertad: La libertad personal, poder decidir, por ejemplo, entre lo bueno y lo malo es lo que nos convierte en seres dotados de razón; no es por tanto una idea, sino una realidad dada. La libertad política, en cambio, sí que es una idea y relativamente joven. En los primeros milenios de la historia de la humanidad la falta de libertad era lo normal.

4. El dinero: ¿Es el dinero un invento? Atribuir a las conchas y más tarde a las transferencias bancarias por ordenador un valor determinado es producto de nuestra imaginación colectiva. Es así porque hemos acordado que así sea. Un golpe de ingenio del ingenio creador del ser humano. Incluso los terroristas del EI o los anticapitalistas participan de esta idea colectiva. *A dollar is a dollar.*

5. La cortesía: En la Edad Media y en diferentes lugares del planeta surgió la idea de poder distinguirse ética, cultural y socialmente mediante un comportamiento especial. En Japón existieron los samuráis, en Oriente, las órdenes sufistas, y en Europa surgió la cortesía. Marx afirmó que el dinero, el capital, era el motor de la historia universal. En realidad

la fuerza motriz del proceso civilizatorio fueron las ansias de prestigio, no el dinero. Un Abramowitsch puede tener tantos yates de lujo como quiera, pero solo hasta tener un palacio en Londres, coleccionar arte y ser invitado por lord Rothschild a un almuerzo habrá llegado a la meta.

6. El Estado: Así como la cortesía es una idea de la temprana Edad Media, los Estados son el producto de la imaginación colectiva. Lo que ayer se llamaba Hungría, puede llamarse unos años más tarde Croacia o viceversa. Y unos años después, tienen todos el mismo pasaporte de la UE y viven en Amsterdam. Tengo una vecina en Berlín —aún no ha cumplido los 80— que vivió en el llamado Imperio Alemán, en la República Democrática Alemana y en la República Federal de Alemania, es decir en tres Estados completamente diferentes y eso sin haber abandonado nunca la ciudad.

7. El igualitarismo: Está muy estrechamente relacionado con la dignidad humana, es decir es una idea muy antigua (véase más arriba). Extrañamente no es hasta bien entrada la Edad Moderna que tuvimos todos los mismos derechos como seres humanos. El derecho de sufragio para las mujeres solo existe en Estados Unidos desde 1920, y en Suiza no llegó hasta 1971.

8. El progreso: La fe en el progreso es una de las ideas más formidables de la humanidad. Aun cuando nuestra fe en el progreso se haya visto vapuleada una y otra vez, seguimos creyendo que nos las arreglaremos actuando de esta manera, que todo irá a mejor. Hasta el momento, en efecto, lo hemos logrado asombrosamente bien. Hemos triplicado nuestras esperanzas de vida, hemos reducido la mortalidad infantil, el número de enfermedades letales y hemos mejorado la calidad de vida de un número cada vez más elevado de personas, a pesar del crecimiento explosivo de la población mundial.

9. La suerte: Una idea muy moderna. Hubo una época en que no se tenía para nada la aspiración de llevar una vida sin preocupaciones. Hoy en día la suerte es considerada un derecho fundamental alcanzable mediante viajes, consumo y, si es necesario, mediante psicofármacos.

10. El porqué: Del hecho de que el hombre pueda plantear la pregunta del porqué de las cosas y la posibilidad de que podría no haber respuesta es la idea más formidable de la humanidad. Y quizá a fin de cuentas la más importante. Incluso el viejo gruñón Friedrich Nietzsche dijo: «Quien tiene un porqué para vivir soporta cualquier cómo».

6

¿O SE PUEDE PRESCINDIR DE ELLO?

(Se puede contar la historia de otra manera.
Con el arte, por ejemplo)

El arte no representa lo visible, sino que
lo hace visible.

PAUL KLEE

En un viejo libro y bastante manoseado que cayó
en mis manos hace mucho tiempo en un anticua-
rio de música de Viena encontré la siguiente frase: «Por medio de la historia se conocen los hechos y destinos de los pueblos, por medio de sus
canciones se les ve el corazón».* Mientras tecleo
esta frase en mi ordenador escucho a través de
mis auriculares Sehnheiser *Rattle That Lock*, un
álbum de David Gilmour en solitario. Las cuer-
das de la guitarra de Gilmour (la Black Strat es la
única guitarra del mundo sobre la cual se ha es-

* Bernhard Kothe y Rudolph Freiherr Procházka, *Abriß
der Allgemeinen Musikgeschichte*, Leipzig, Verlag von F. E.
C. Leuckart, 1909.

crito un libro) le tocan a uno la fibra, lo quiera o no. Lo mismo cabe decir de la trompeta de Chet Baker o las teclas del piano tocadas por Yevgeni Kissin o Daniel Barenboim.

Si uno quiere comprobar que el ser humano es algo especial, que la cosmovisión antropocéntrica está justificada, que es lógico contar la historia desde la perspectiva del hombre, que de alguna manera sí somos especiales porque tenemos alma, que tiene su razón de ser el que ocupemos el centro del acontecer, entonces debemos mirar nuestro arte. La música es el arte más trascendental. Se dice que, la noche antes de iniciar en el Kremlin reformas determinantes para el futuro, Gorbachov había estado con su esposa Raísa en un concierto de Mahler y se había ido a casa con lágrimas en los ojos. Probablemente la música es la más primitiva de todas las formas de arte; puede que haya sido el primer intérprete, la primera válvula de escape de los sentimientos. En torno a los orígenes de la música hay mitos y leyendas. Lo que se considera seguro es que el surgimiento de la música tiene algo que ver con la necesidad primaria del ser humano de creer en algo superior y con la capacidad de percibirse a sí mismo como un ser sufriente pero movido por la esperanza.

Quien acuda hoy en día a la Berliner Philharmonie o al Carnegie Hall de Nueva York para oír un concierto filarmónico lo hace desde la conciencia de estar participando de la cultura con mayúscula. Esto tiene gracia porque hasta mediados del siglo xix la música era considerada un arte inferior. La música estaba bien, si era vocal, si era utilizada para la transmisión de la palabra. Según la concepción clásica, el arte tenía que ser «mimético» por narices, es decir imitar la vida real o al menos tener un vínculo con la realidad. Si era preciso, el arte podía idealizar la realidad, pero el vínculo con la misma era absolutamente indispensable para que el arte tuviera el valor intelectual que fuese. La música sin palabras carecía de importancia, según la concepción clásica. Era un conjunto sonoro sin interés. Cuando en el París del siglo xviii se hicieron populares las sonatas que, a diferencia de las óperas y la música vocal, no aportaban argumento ni explicación alguna, decía enardecidamente un escritor de la Ilustración con mucha sensibilidad como era Bernard le Bovier de Fontenelle: «Sonate, que me veux-tu?». Sonatas, ¿qué queréis de mí? Incluso un Stendhal, que amaba a Rossini con una pasión casi física, despreciaba la música sinfónica, por ejemplo la de Beethoven. El reconocimiento de la música como una de las grandes artes es un logro del romanticismo alemán, como explicó Isaiah Berlin en sus famosas lecciones sobre las raíces del romanticismo.* Pues

* La legendarias Mellon-Lectures de Isaiah Berlin en Washington, D.C., que impartió sin guion alguno en 1965 en la National Gallery of Art, se pueden ver en YouTube y

los alemanes mudaron completamente de tono en el siglo XIX. Schopenhauer escribía en representación de todos los pensadores y artistas del romanticismo alemán: «El compositor pone de manifiesto la esencia más íntima del mundo y expresa la verdad más profunda, en un lenguaje que su razón no entiende». En Alemania, con su inclinación al intimismo y la irracionalidad, se tomó en serio la música. Los franceses, objetivamente ilustrados, eran más escépticos.

Desde el punto de vista alemán, puede que la música sea pues la más genuina, la más intensa y con ello también la más interesante de todas las artes y, sin embargo, aquí tenemos que dejarla de lado. Queremos emprender un viaje al galope por la historia del arte, para lo cual conviene centrarse en las artes plásticas y dentro de este ámbito, sobre todo, en la pintura. Y en ella con preferencia en la europea de los últimos mil años. Una delimitación muy radical que lamentablemente es inevitable. Si empezáramos con la pintura rupestre de la Dordoña, mañana todavía estaríamos ahí. Tiene que ser suficiente dedicarnos al desarrollo del arte en la cultura en la que vivimos hoy.

---

han sido publicadas en formato libro en varias lenguas: Isaiah Berlin, *Las raíces del romanticismo*, Madrid, Taurus, 2000.

DE CUANDO EL HOMBRE EMPEZÓ A SENTIRSE IMPORTANTE...

La primera estación de nuestro viaje: el tesoro de la catedral de Aquisgrán. Aquí, tras el grueso cristal de una vitrina, vemos la cruz de Lotario fabricada hacia el año 1000 en una orfebrería de Colonia. La Edad Media no puede haber sido tan oscura cuando observamos esta obra de arte. El anverso, llena de piedras preciosas, es una declaración de poder terrenal. El centro de la cruz muestra la silueta del emperador Augusto, aun cuando hace tiempo que el Imperio Romano se ha hundido. En Europa reinan emperadores que, si bien se llaman romanos, son alemanes. Augusto hace, como quien dice, un cameo y aparece representando al Imperio Romano, al cual remite el «Sacro imperio romano germánico». El anverso de la cruz es una demostración de poder. El reverso, «el otro lado» cuenta otra verdad, carece de adornos y de elementos ornamentales. Sobre un fondo liso está representado un hombre moribundo que sufre: Jesucristo. Es una inquietante representación plástica. El cuerpo cuelga de los brazos ligeramente doblado, la cabeza hundida en el pecho, a la izquierda y a la derecha el sol y la luna encubren afligidos su rostro. La representación es tan auténtica que el anverso, con su suntuosidad y la imagen de Augusto coronado de laureles, le resulta a uno bastante mundana, casi decadente.

Hoy en día estamos tan acostumbrados a los crucifijos que no podemos imaginar el *shock* que produce la cruz en aquel momento relativamente tardío de la historia europea. El arte del cristianismo primitivo no conoce aún representaciones de su fundador en la cruz; muestra sobre todo escenas prometedoras: la resurrección, la ascensión, la representación de sanaciones y milagros. Representaciones de la cruz no se dan prácticamente en las primeras iglesias y, si es el caso, entonces se encuentran en lugares poco visibles como en el portal de la basílica de Santa Sabina en Roma que data del siglo v. No es hasta el siglo ix cuando aparecen por todas partes en Europa representaciones de la crucifixión, sobre todo en las tapas o en el interior de libros suntuosos, y a partir de mediados de este mismo siglo de una forma algo estilizada y sin irradiar mucha emoción, pero con una intensidad humana cada vez mayor. El siglo x, supuestamente tan oscuro, fue el momento en que la cruz se convirtió en el símbolo central para el cristianismo. Solo retrospectivamente se puede intuir la revalorización del ser humano que emana de una representación de estas características. En el momento en que el arte se dedica al sufrimiento de las personas, se empieza a tomar en serio al ser humano. El hombre profesa el derecho a percibirse como un ser movido por el placer y el temor, con miedos y esperanzas, y de expresar sus sentimientos y anhelos.

En un principio las artes plásticas en Europa solo miraron hacia un único ser humano, hacia Jesucristo. Y luego hacia un segundo ser: María, su madre. Pero estos dos personajes representan a muchos otros. Son los primeros pasos del hombre en el camino de tomarse en serio a sí mismo. Quien desee ver un reflejo de ello, tiene que ir al tesoro de la catedral de Colonia, a Ratisbona o a Aquisgrán y mirar los evangeliarios y libros de oración de los siglos IX y X. Afortunadamente pocos son los casos en los que aparecen serpientes muy largas.

Segunda estación: Asís en el norte de Italia. Basílica de San Francisco. Fue pintada de arriba abajo por Giotto que fue, junto con Fra Angelico, el artista más importante del temprano Renacimiento. Lo más interesante de la pintura de Giotto no es su belleza. Lo notable no es tan siquiera que fuera el primero en pintar caras reales o telas con sus pliegues y caídas, o que reprodujera paisajes con mucha precisión. Lo notable es lo que eso significó en aquel momento, lo que desencadenó en las mentes de la gente y la liberación que supuso. La aparición de la perspectiva, la representación de la realidad implicó una conciencia completamente nueva del ser humano. Lo nuevo en el Renacimiento fue sobre todo el hecho de que los artistas dejaron de ser artesanos anónimos para convertirse en estrellas de la pintura. Examinar la historia europea en base a las artes plásticas merece tanto la pena porque en ellas se puede leer muy fácilmente la transformación de la propia imagen. Primero se produce la revalorización del hombre con la representación de Jesús en la cruz. Luego la de la mujer con la representación de María. En el siglo xiv, el artista empieza a realizarse a sí mismo. En los siglos xv y xvi el arte se emancipa no solo de los temas religiosos sino también de la Iglesia. Comienza la gran época de las ciencias y la innovación técnica. Ahora el ser humano se valora a sí mismo hasta tal punto que ya no se ve como una criatura, sino que también quiere ser creador.

PONTÍFICE SIGNIFICA CONSTRUCTOR DE PUENTES

Tercera estación. La *Stanza della Segnatura* (La estancia del sello) en el Palacio Apostólico del Vaticano. Pocos años después de ser nombrado papa, Julio II hizo pintar las paredes de sus aposentos privados por el mayor artista de su tiempo, Rafael. Otro artista, Miguel Ángel, pintaba entretanto el techo de la Capilla Sixtina. ¿Buenos tiempos? Quién sabe. Martín Lutero llamó a Julio II «sanguinario»; el apodo que tenían los romanos para él era «el Terrible». Era ambicioso y ególatra; con su ostentación quería sobre todo superar a su antecesor el papa Borgia, Alejandro VI. Era un ser malvado; pero también un ser sin el cual no existirían algunas de las obras de arte más notables. Para la renovación de la catedral de San Pedro contrató a Donato Bramante; para su propio mausoleo, a Miguel Ángel. Era un hombre colérico y desmesurado, hizo ampliar plazas, construir nuevas vías, derribar barrios enteros para tal fin. A su arquitecto Bramante, apodado *maestro rovinante* («maestro de la destrucción»), le dio mano libre para su despliegue artístico. Hay que imaginarse cómo sería si hoy un arquitecto se tomara esas libertades. En contra de las protestas airadas de la población y en contra de la voluntad de todos los cardenales, el papa concedió plena libertad al maestro Bramante. Los grandes logros creativos, eso también vale la pena mencionarlo, a veces van acompañados de destrucción.

Habría que detenerse a observar los murales que pintó Rafael para Julio II, pues constituyen un punto de inflexión en la historia del arte. Son testimonio del momento en que el arte se emancipa de la finalidad meramente religiosa, para convertirse en un arte que pone al hombre en el centro del universo. Aquí se encuentran el mundo medieval religioso y el moderno-racionalista literalmente al mismo nivel. La *Estancia del Sello* no fue solamente refugio sino también biblioteca privada del papa. El mural que nos interesa recalcar aquí es *La escuela de Atenas*, uno de los cuatro grandes frescos de esta biblioteca. Julio II poseía más de 220 libros. Lo sabemos con tanta exactitud porque se conserva un inventario. Los libros estaban clasificados en cuatro grandes ámbitos temáticos: teología, filosofía, leyes y literatura. Estaban organizados primorosamente en estanterías bajo los frescos que ilustraban de forma gráfica el ámbito temático correspondiente. Para el fresco colocado encima de la estantería de la filosofía, Rafael escenificó con su representación fantástica de *La escuela de Atenas* una especie de guateque de togas de todos los grandes filósofos que había conocido el mundo. Con unas 60 personas, representa la historia del pensamiento, desde los antiguos persas hasta la Atenas antigua. Aparece incluso un erudito musulmán y una mujer. En el centro están debatiendo Platón y Aristóteles (quienes, en la realidad, están separados por una generación). Platón muestra el dedo índice hacia arriba, Aristóteles orienta la palma de la mano más bien hacia abajo. Decir que es «revolucionario» que estas dos superestrellas de la filosofía griega resplandezcan de repente a tamaño sobrenatural en el mismísimo centro del Vaticano sería quedarse corto. Algunos cientos de años antes hubo cristianos que, con la mejor de las conciencias, destruyeron antiguos templos paganos y bibliotecas con textos escritos por los gentiles; solo en algunos monasterios aislados se llegaron a esconder y estudiar manuscritos originales de filósofos griegos. Ahora, de repente, las imágenes de los griegos colgaban en medio del

Vaticano como fotos desplegables de gran tamaño, pudiendo ser admirados por todos.

Para intuir la atmósfera intelectual de la época, hay que saber que por aquel entonces estaban muy en boga eruditos eclesiásticos como Marsilio Ficino (1433-1499) que hacían furor con la traducción y comentario de textos antiguos paganos. Ficino fue conocido sobre todo por su teoría del «hilo dorado». Su tesis central era que había un hilo de tradición intelectual y ética que se extendía a través de todas las épocas, desde los antiguos caldeos en Mesopotamia y Egipto, pasando por Abraham y los filósofos de la antigua Grecia, hasta el cristianismo, es decir, la época que en ese momento era la actualidad. Ficino hablaba misteriosamente de seis grandes estaciones, lo cual es relevante porque el seis era el número perfecto en la numerología, seguido —como quien dice a modo de colofón— por el siete que simboliza a Cristo. Lo cual quiere decir nada menos que la última verdad válida solo se descubre a través de este paso. Ficino ve la historia del pensamiento en su totalidad, incluyendo todo lo precedente, como una gran búsqueda común de verdad filosófica y religiosa que alcanza su apogeo con el cristianismo. El 1 de enero de 1508, en el año en que Rafael recibió el encargo de realizar los frescos para el Palacio Apostólico, un clérigo romano pronunció el sermón de la mañana en la capilla papal, que por lo visto había leído a Fici-

no detenida y minuciosamente. Hizo grandes elo-
gios a la sabiduría de los antiguos griegos, puso
por las nubes al *Gymnasion*, el lugar de la educación física e intelectual de la juventud ateniense, a
la famosa *Akadémeia*, la escuela filosófica de Platón (cerrada por el emperador cristiano Justiniano
en el siglo VI). Incluso llegó a decir que consideraba al Vaticano como continuación precisamente
de esta escuela. Según él, la conquista de Constantinopla por los musulmanes, el final de Bizancio, convertía a Roma en el último reducto de la
tradición del pensamiento antiguo. «Ahora que
Bizancio ya no existe, el Vaticano tiene que ser la
nueva Atenas, y nosotros tenemos que salvaguar-
dar la cultura griega», dijo.

En efecto, después de que Constantinopla ca-
yera en manos de los otomanos en 1453, miles de
manuscritos antiguos se salvaron porque se llevaron a Roma; los centros del pensamiento europeo
se vieron alcanzados por una ola nunca vista de
ideas antiguas. Cuando Rafael pintó sus frescos,
en Roma existía la ambición de absorber las sabi-
durías filosóficas de la antigüedad pagana y po-
nerlas en sintonía con la herencia espiritual del
cristianismo. Aquello que Rafael creó con *La escuela de Atenas* no supuso que el cristianismo se
arrodillara ante el paganismo de la Antigüedad, al
que previamente habían combatido los fanáticos
cristianos. En la biblioteca privada del papa, justo frente a la estantería con las obras filosóficas,

estaban los libros sobre teología, por encima de los cuales Rafael pintó a los grandes eruditos de la Iglesia, y justo enfrente de *La escuela de Atenas*, estaba *La disputa del Sacramento*. O mejor dicho, y para ser exactos, ocurrió exactamente lo contrario. Primero pintó el motivo religioso y luego el de los ilustres paganos. En *La disputa del Sacramento* se ve a Cristo suspendido en un trono, rodeado de la virgen María, de san Juan el Bautista y de figuras bíblicas como Jacob y Moisés. Por debajo de esta imagen, hay un altar con una custodia que contiene «el más sagrado de los sacramentos, el Santísimo» (la hostia convertida en cuerpo de Cristo), y a su alrededor vemos a los grandes maestros de la historia de la Iglesia, San Agustín, Ambrosio, santo Tomás de Aquino, san Buenaventura... *La escuela de Atenas* y *La disputa del Sacramento* se hallan frente a frente en una especie de diálogo. *La Estancia del Sello* revela algo que tuvo un efecto transformador del mundo: el encuentro entre el pensamiento cristiano y el de la Antigüedad.

¿ES RENACIMIENTO TODO LO QUE RELUCE?

Se suele hablar del Renacimiento como el nacimiento de la modernidad. El principal responsable de que esto sea así es el viejo soñador Jacob Burckhardt. El que utilicemos el término *Renacimien-*

to, y no el de *rinascità* como convendría para un fenómeno supuestamente italiano, tenemos que agradecérselo a este vecino de Basilea. Lo tomó de un historiador francés.* En su obra *La cultura del Renacimiento en Italia*, publicada por primera vez en el año 1860 y desde entonces reeditada un sinnúmero de veces, Burckhardt afirmaba que hasta el glorioso Quattrocento, el siglo xv, la conciencia humana había estado «soñando o en un duermevela», apresada bajo un manto: «El manto estaba tejido por la fe, la inhibición infantil y la locura». No sería hasta su liberación por obra de la razón y el alejamiento de lo religioso que el hombre pudo alcanzar su vocación verdadera, el conocimiento verdadero. Al espíritu colectivo de la Edad Media le contrapone el despertar del individualismo en el Renacimiento.

Esta sensacionalista y exagerada contraposición de Burckhardt escandalizó a muchos historiadores. El gran historiador holandés Johan Huizinga, que escribió en 1920 un estudio sobre la historia del término *Renacimiento*, critica, por ejemplo, el entusiasmo exaltado de Burckhardt por este período diciendo: «Mirando fijamente el sol cegador del Quattrocento italiano, no pudo percibir más que de forma muy deficiente lo que había más allá. El manto que vio extendido sobre

* El término apareció por primera vez en *Histoire de France* de Jules Michelet (1855).

el espíritu de la Edad Media era, en parte, producto de un defecto en su propia cámara. Creyó ver un antagonismo demasiado grande entre la vida del medioevo tardío en Italia y la que existía fuera de ese país». ¿Acaso el individuo no había sido descubierto ya en las representaciones de la crucifixión del siglo IX que hoy llamamos «Renacimiento carolingio»? Y además: ¿acaso ese despertar que tanto entusiasma a Burkhardt no se produjo también, si es que lo hizo de manera tan drástica, fuera de Italia, como apuntaba con razón Huizinga desde la perspectiva holandesa?

Topamos con un problema al que se enfrenta cualquier observación histórica retrospectiva: la categorización *a posteriori*. El término *Renacimiento* es un sello. Un sello muy útil y práctico, pero al fin y al cabo un sello, una etiqueta que le colocamos a un dilatado período que comienza en algún momento hacia el año 1300 y termina en algún momento hacia 1600, nadie quiere comprometerse fijando más las fechas. El problema también es que, al poner etiquetas a las evoluciones que tuvieron lugar en ese lapso de aproximadamente trescientos años, hay que tener cuidado de no caer en la retórica pretenciosa o incluso jactanciosa de la época. Probablemente, por aquel entonces muchos humanistas consideraban los tiempos anteriores como momentos de superstición y barbarie, pero eso no quiere decir ni mucho menos que tengamos que darles la razón. El entusiasmo por el Renacimiento tampoco tiene que ir acompañado de un desprecio hacia el gótico.

Precisamente los príncipes artistas del Renacimiento, y eso hay que tenerlo siempre presente, fueron grandes maestros de la representación de sí mismos. Todo era novedoso. Tabula rasa. Borrón y cuenta nueva. Nos encantan estas fórmulas sencillas y tangibles, y nos gusta dejarnos obnubilar por ellas. Rafael no solo fue dueño y señor en un enorme taller lleno de artistas que trabajaban para su sello, sino también de un ejército de expertos en relaciones públicas, a quienes pagaba por difundir su fama en el mundo. Cuando aceptaba un encargo, fuera el de las estampas en el Vaticano o el de la decoración de las estancias privadas del banquero Chigi en la villa Farnesina, no debemos imaginarlo como un artista concentrado trabajando en la soledad. El asunto tenía más bien una dinámica comparable con la producción de un peliculón de Hollywood con Rafael como Steven Spielberg, en calidad de director y empresario dirigiendo una enorme escuela de artistas. Esto es, en cualquier caso, lo que hace del Renacimiento sin duda una encrucijada: el cambio de estatus del artista, que deja de ser artesano para convertirse en superestrella, tuvo lugar en esta época. Aunque en Pisa el escultor Giovanni Pisano (1250-1315) ya había introducido en sus obras retratos de sí mismo e incluso precursores suyos, genios picapedreros del gótico, habían hecho algo similar. También los maestros picapedreros de Reims y Cluny habían recorrido Europa en su día para trabajar en iglesias y fueron estrellas, aunque no tan aclamadas como los trovadores estilo Michael Jackson de la época. ¿Dónde empieza el Renacimiento? Si definimos la conciencia humanística como el exhibicionismo artístico y la jactancia, entonces ya existía con anterioridad. Pero algo sí fue novedoso: el artista dijo adiós definitivamente a los meros motivos religiosos. Rafael, que había pintado virtuosamente a los padres de la Iglesia en el Vaticano, en la vila Farnesina ya no perdió el tiempo con motivos religiosos, representó en cambio a las nuevas estrellas *pinup*: Amor y Psique, divinidades griegas. Y Botticelli se atrevió por primera vez a incluir el sexo en el arte. Su Venus es la primera Irina Shayk: respira sexo por todos los poros, y por cierto tiene un pubis resplandecientemente blanco. ¿Depilación en el año 1500? El patrón eran las estatuas antiguas y en ellas no se distinguía el vello pubiano.

La jactancia de las gentes del sur, experta en relaciones públicas, ha inducido a la historiografía a mirar fijamente a Italia cuando se trata del Renacimiento. También eso corre por cuenta de Burckhardt. Pero en parte se entiende. Si definimos el Renacimiento, como el redescubrimiento de la antigüedad clásica, es útil, claro está, mirar hacia una región donde hay muchos restos de esa cultura. La historiografía se dirige a lugares donde pululan las fuentes. Un problema del Renacimiento nórdico es que muchas de las obras de arte holandesas no sobrevivieron a la furia iconoclasta de la reforma protestante. Jan van Eyck († 1441) y Rogier van der Weyden († 1464) fueron igual de importantes que Rafael o Miguel Ángel, pero de ellos sencillamente se conserva mucho menos. Amberes era, por aquel tiempo, igual de importante como metrópoli económica que Florencia, pero, como los nórdicos no son tan dados a la exageración como los italianos, ya entonces hicieron menos aspavientos en torno a sus artistas, de manera que los historiadores hoy en día tienen poco material al cual reverenciar.

Pero es verdad que el norte de Italia fue asombroso: de forma extraordinaria pronto se vio favorecido por una red de ciudades económica y culturalmente muy activas; de forma extraordinaria pronto tuvo un sistema bancario eficiente, un número extraordinario de personas suficientemente ricas para regalarse a sí mismas prestigio, lo cual sucedía a través del mecenazgo, es decir, el patrocinio de las artes. De modo que allí las artes florecieron de una forma nunca vista. Lo que también fue una novedad, tanto en el norte como en el sur, es que no solo la Iglesia ponía fondos a disposición del arte, sino también particulares ricos que habían hecho dinero a través del comercio. De una familia de mercachifles como

los Médici surgen papas y reinas francesas. Ya en
épocas anteriores se habían propagado modas
artísticas, por ejemplo, durante el gótico. Pero
fue en el Renacimiento cuando el prestigio como
elemento incendiario del arte adquirió una dinámica completamente nueva. La razón fue que,
gracias al comercio y al sistema bancario, nuevas
élites pugnaron por alcanzar esferas superiores,
demostrar su estatus y desbancarse mutuamente.
Y eso sucedió con amabilidad, mediante la pompa y la belleza.

Existe otra razón, que no se suele mencionar,
por la cual el Renacimiento tiene titular italiano:
en los siglos XV y XVI era muy «in» en toda Europa contratar a artistas italianos. Los artistas que
ya habían recorrido Italia al menos una vez eran
considerados pesos pesados. Un rey como Matias
Corvino de Hungría (1443-1490, su verdadero
nombre era Hunyadi, pero, lo dicho, se adopta-
ban nombres latinos) no se habría podido imaginar una corte sin artistas del norte de Italia. La
fama de Italia hizo posible también el despliegue
hacia el extranjero de un montón de artistas de
segunda que no triunfaron en su país...

¿Y QUÉ ES EL ARTE MODERNO?

Desde el momento en que el artista se liberó de las
pautas formales iconográficas de la Iglesia, a par-

tir del momento en que comenzó a entenderse a sí
mismo como personalidad artística que quiere
realizar sus propias ideas, pasó de ser mero artesano a director creativo, decidido a representar el
mensaje de la Iglesia con sus propios medios y a
aderezarlo con sus ocurrencias personales. Esto
empezó a suceder ya en el gótico tardío, pero no
es hasta el Renacimiento cuando toma fuerza. Por
eso nuestra cuarta estación no es el Museo de
Arte Moderno en Nueva York, sino de nuevo la
basílica de San Francisco en Asís. El arte moderno
comienza con la libertad artística que se permite
vivir abiertamente un Giotto allá por el año 1290.
Él abre la puerta a esta libertad. El siguiente paso
lógico es que los artistas empiezan a pintar lo que
personalmente perciben como realidad. Luego, el
arte se vuelve «pictórico», deliberadamente se dejan traslucir las pinceladas. Uno de los primeros
que se atrevieron a hacerlo, aunque de forma va-
cilante, fue Tintoretto († 1635). Más tarde, Rembrandt pudo ser más audaz, pero en un principio
solo en autorretratos o en retratos de mecenas que
le apreciaban. En los años setenta del siglo XVIII,
cuando el clasicismo volvió a estar de moda, se
burlaron de él precisamente por eso tildándolo de
«emborronador».

En algún momento se empezó a jugar con la
percepción. Los impresionistas del siglo XIX pinta-
ban aquello que veían, lo que les valió en un principio ser objeto de escarnio. Los expresionistas ya no

pintaron lo que veían sino lo que sentían. Cuando, en 1910, el atribulado Edvard Munch hizo la última versión de su obra *El grito* volcando su interior hacia fuera, cuando Picasso y Braque pintaron al mismo tiempo desde diferentes perspectivas e integraron materiales de la cotidianidad en sus cuadros (lo único lógico en la era de la industrialización), cuando Malévich pintó en 1915 su *Cuadrado negro* y Modrian, unos años más tarde, presentó sus composiciones geométricas, se había alcanzado el punto final natural, constatado por futuristas y dadaístas. Solo quedaba declarar arte los objetos de la producción industrial. Cuando el orinal de Duchamp acabó en el museo, no había nada que superara esta radicalidad. Lo que siguió fueron en esencia repeticiones, entre las cuales hubo naturalmente alguna que otra obra maestra.

Un Beuys, que convirtió la teoría misma —el folleto informativo intelectual— en arte; los expresionistas abstractos de las décadas de posguerra; la exaltación de la cultura cotidiana de Warhol; el arte del graffiti de Keith Haring y Jean-Michel Basquiat; las visiones apocalípticas de Anselm Kiefer; la videoinstalación; los *happenings*; auténticos pasotas, excrementos: una serie de comentarios contundentes y definitivos sobre el fin de la historia del arte. En algún momento, uno podría pensar que ya se ha dicho todo.

Si uno pudiera hacer comprensible la historia del pensamiento a un extraterrestre a través de

10 imágenes, ¿cuáles le mostraría? Aquí 10 pro-
puestas, entre ellas una excepción:

1. Las primeras pinturas rupestres (datadas hacia 40.000 a. C.): fueron probablemente parte de un culto propiciatorio.
2. Apolo de Belvedere (siglo IV a. C.): en representación del arte de la Antigüedad.
3. Un casco ceremonial celta (siglo III a. C.): tiene que figurar aquí en representación del arte
   de uno de los pueblos hace tiempo desapare-
   cidos, víctima de la globalización.
4. La catedral de Notre-Dame de Reims (co-
   menzada a construir en 1211): es probablemente la obra arquitectónica más completa
   del gótico por excelencia y aparece aquí en
   representación del arte cristiano de la Edad
   Media.
5. *La Escuela de Atenas* de Rafael (1510-1511):
   en representación del desligamiento del arte
   cristiano.
6. *La maja desnuda* de Goya (hacia 1800): tiene que aparecer en esta lista por motivos eró-
   ticos. La primera representación femenina
   natural y franca de la historia del arte moderno.
7. *Los girasoles* de Vincent van Gogh (1888):
   son ideales para resumir el impresionismo
   (pintar impresiones) y el expresionismo (expresar lo propio) en su cenit.

8. *Cuadrado negro* (1915) de Kazimir Malévich: pensado como arquetipo, como equiva-
   lente del algo surgiendo de la nada, pero se
   convirtió en el símbolo del comienzo del fin
   del arte.

9. Con *Campbell's Tomato Juice* Box de Andy
   Warhol (1964): una caja de jugo de tomate
   adquirida efectivamente en el supermercado
   que Warhol expuso por primera vez en 1964
   en la galería Castelli, el artista queda (¿de
   nuevo?) completamente en un segundo plano con respecto al objeto. El arte es ahora
   mercancía de masas.

10. La película *The Tree of Life* de Terrence Ma-
    licks (2011): Hablar de arte sin mencionar el
    arte de la interpretación es absurdo. Por eso,
    en representación de todas las piezas teatra-
    les y epopeyas del cine, aquí menciono esta
    obra contemporánea del completamente
    chalado genio del cine, natural de Illinois
    (Estados Unidos).

7

DE ADÁN A APPLE

(Los inventos más estupendos... que por desgracia
nunca nos han hecho felices)

> En general el invento de las máquinas
> acentuó la división del trabajo en la so-
> ciedad, facilitó la labor del trabajador en
> el taller, concentró el capital e hizo peda-
> zos a los hombres.
>
> KARL MARX

Hablar de inventos es, en el sentido literal de la palabra, una mierda. Y es que, si uno quiere hablar seriamente acerca de los logros técnicos más importantes del hombre, primero tiene que tratar el tema de la digestión. El descubrimiento más importante del hombre ha sido con creces la técnica de dominar el fuego. Permitió a nuestros antepasados más primitivos dar el paso del régimen de alimentos crudos al de la carne fácilmente digerible. Esto hizo que nuestros intestinos fueran acortándose de generación en generación, se empleara menos tiempo en la digestión y a cambio hubiera más energía disponible para el crecimiento de nuestro cerebro. Sin la tecnología clave del dominio del fuego —en eso tienen razón los griegos con su mito de Prometeo—, nunca habríamos llegado a ser lo que somos. No está del todo esclarecido cuándo sucedió esto, solo sabemos que hace aproximadamente trescientos mil años el fuego ya formaba parte de la cotidianidad en muchos lugares. Primero, probablemente en lo que hoy es el sur de Francia, y es que, como se sabe, los franceses aprecian la comida caliente. Eso catapultó al hombre hacia delante. El último gran impulso innovador —la lanza para la defensa contra el animal salvaje— se remontaba ya a al menos cien mil años atrás.

Después del dominio del fuego hubo armas ya no solo para defenderse de los animales salvajes, sino también para la caza de los mismos. Hubo cuchillos y cada vez herramientas más sofisticadas. Unos treinta mil años atrás, las innovaciones se suceden a un ritmo más acelerado: flecha y arco; armas de alta tecnología, dos mil años más tarde la lámpara, la olla, la red de pescar. Aproximadamente unos veinte mil años después, cuando acontece la revolución agrícola, el número de innovaciones aumenta de forma explosiva, se producen a un ritmo vertiginoso, entre la generalización del arado (alrededor del 4500 a. C.), de la rueda (desde cerca del 4000 a. C.), y del yunque (hacia el 3500 a. C.) solo median unos pocos si-

glos. Los intervalos entre los logros revolucionarios de la técnica son cada vez más breves. Uno
puede imaginarse el ritmo del progreso como
una especie de señal sonora: cada avance tecnológico revolucionario es un sonido. Primero las
distancias entre los sonidos son enormemente
largas, luego paulatinamente se van haciendo
más cortas hasta que de repente entran en un ritmo más acelerado. Un poco como en un sensor
de aparcamiento, solo que con una duración de
millones de años. Primero cada tantos millones
de años un sonido, luego cada quinientos mil
años, cada diez mil, cada mil, cada cien años y
así sucesivamente. Hasta que apenas hay lapsos
entre los sonidos —máquina de vapor 1769, telar mecánico 1789, batería 1799— y finalmente
las señales se producen en *staccato*: ordenador
1941, reactor nuclear 1942. En algún momento,
la señal acústica será ininterrumpida. Lo que
esto significa es algo que da lugar a mucho debate entre intelectuales estadounidenses. Una teoría muy conocida es la de que entonces habrá
llegado el momento de la singularidad tecnológica.

Ray Kurzweil, el filósofo de la casa Google
—dentro de la empresa tiene el título de «Director
of Engineering»—, cree firmemente en ello. Está
convencido de que en el momento de la singularidad tecnológica las máquinas nos superarán.
Ya no dominaremos nosotros nuestras tecnolo-

gías, sino ellas a nosotros. Kurzweil afirma haber calculado que la señal acústica continua se alcanzará en el año 2050. Desde entonces, habrá inteligencias artificiales que serán capaces de crear nuevas superinteligencias, que podrán a su vez crear otras superinteligencias superiores. Programas de ordenador que aprendan de forma autónoma y establezcan vínculos y módulos propios son ámbitos sobre los que actualmente se está investigando en Silicon Valley y en los que se están realizando las mayores inversiones. Desde 2010, Google compra cada dos meses empresas de robótica e inteligencia artificial. En el año 2015 el banco estadounidense de inversiones Merrill Lynch publicó un estudio interno de 300 páginas que identifica la robótica como la tecnología clave del futuro. El estudio realizado por expertos no deja lugar a duda sobre el hecho de que la robótica figura entre las grandes revoluciones tecnológicas de la Edad Moderna, equiparable a la máquina de vapor, la producción en masa y la electrónica. En la mayoría de países industrializados, pronostica el estudio, la mitad de todos los puestos de trabajo existentes hoy en día en la industria será sustituida hasta el año 2040 por robots. En algunas industrias, por ejemplo las de herramientas, automoción o alimentación, la sustitución se efectuará incluso con mayor rapidez. A largo plazo «todos los trabajos físicos serán realizados por máquinas», dice Timotheus Höttges, jefe de la Telekom alemana.

El economista británico John Maynard Keynes predijo ya en 1930 que en cien años la semana de trabajo se habría reducido a 15 horas y el resto sería tiempo libre. Lo que él no podía suponer es que la población mundial iba a crecer vertiginosamente; hoy en día aumenta cada doce años en 1.000 millones de personas. Al mismo tiempo, no obstante, se requiere cada vez menos gente. Nuestra sociedad occidental, que en el transcurso de los últimos siglos ha alcanzado una mayor justicia social, tendrá que vérselas con nuevas magnitudes para la alimentación de la población o soportar nuevas desigualdades. Los progresos médicos amenazan con acentuar la división entre ricos y pobres, o, mejor dicho, ya lo están haciendo. Es muy diferente sufrir una enfermedad grave en Ucrania o en Alemania donde se dispone de un seguro completo o en Estados Unidos si eres multimillonario. Los últimos progresos en la medicina y en la tecnología genética van a seguir agudizando esta tendencia.

El hombre manipula su entorno desde hace al menos diez mil años con una habilidad inaudita y que crece vertiginosamente. No solo estamos en condiciones de borrar enfermedades del mapa, por primera vez en nuestra historia incluso podemos tener una participación concreta en el acto de crear. El credo dominante en Silicon Valley, el centro de la creatividad del mundo tecnológico reza: «Todo lo que es técnicamente posible es bueno». Yuval Harari dice que estamos a punto de dejar atrás las limitaciones del *Homo sapiens sapiens* y de convertirnos en un ser completamente diferente. Sostiene: «Quizá algún día haya seres que miren hacia nosotros con la misma arrogancia con la que nosotros en su día miramos hacia el hombre de Neanderthal». El profeta de Google Ray Kurzweil también habla de un hombre 2.0. La próxima frontera es, según la optimación genética del hombre, una evolución hacia el ciborg, organismo cibernético. Los ciborgs son seres que han sufrido una transformación mediante modificaciones bioquímicas, fisiológicas o electrónicas. En sentido estricto ya estamos rodeados de ciborgs: seres humanos con manos de robot, por ejemplo, o con implantes auditivos modernos. Las fuerzas armadas estadounidenses experimentan con implantes neuronales en animales. La idea es poder manejar algún día el comportamiento de los animales. Conseguir tiburones ciborg para la guerra subacuática, por ejemplo. Google X invierte miles de millones en nanotecnología. Los campos de aplicación son muy interesantes, tanto por razones militares como por razones médicas. Por ejemplo, puede haber nanopartículas que se ingieran con una tableta y que luego localicen las células cancerígenas en la sangre mucho antes de que desarrollen tumores. El proyecto que más entusiasma a la «comunidad científica», como se denomina con orgullo el gremio en torno a Kurzweil & Co., es el sueño de la interfaz entre el cerebro y el ordenador.* Ya hay ordenadores que pueden leer y procesar señales eléctricas del cerebro humano y así, por ejemplo, manejar manos robot. El siguiente paso será conectar cerebros. Será posible bajar cerebros de la red a un disco duro y conectar este a un ordenador portátil. Harari pregunta: «¿Qué pasa con la memoria, la conciencia y la identidad humanas si el cerebro tiene acceso directo a la ilimitada memoria colectiva de la humanidad? Un ciborg así ya no sería un ser humano ni tan siquiera un organismo. Sería algo completamente diferente».

Nuestros antepasados aún podían hacer declaraciones referentes al futuro con validez para nosotros. Cuando con 10 años le pregunté a mi padre en qué mundo viviría cuando tuviera 50, él todavía podía hacerme un pronóstico más o menos aceptable, aun cuando seguramente los móviles y los ordenadores portátiles no fueran detectados por su radar. Pero, cuando a mí me preguntan mis hijos cómo será el mundo de aquí a cuarenta años, solo sé que será completamente diferente de

* Este equipo se encuentra en la plataforma de debate http://edge.org/ y deja allí sus ensayos más recientes y aportaciones para la deliberación.

cómo es hoy. «Las cosas suceden siempre como no te lo esperas», dice mi madre. Esto nunca había sido tan acertado como hoy en día. Cuando Max Planck en 1874 quería empezar a estudiar física, se lo desaconsejaron. En la física, todo lo esencial se consideraba ya investigado. Al final estudió física y puso patas arriba todo lo que se había enseñado hasta el momento. Desde entonces, sabemos que incluso en los átomos imperan leyes naturales bien diferentes a las del mundo que vemos. Y luego llegó Einstein y de nuevo lo trastornó todo. Desde entonces, sabemos que los espacios se curvan y se dilatan; todas las leyes conocidas del tiempo han quedado invalidadas. La velocidad con la que el mundo se ha transformado en los últimos cincuenta años mediante el progreso tecnológico es angustiante y estimulante a la vez. Entre el descubrimiento de Albert Einstein de que la masa se puede transformar en energía y la reducción a cenizas de Hiroshima y Nagasaki apenas transcurrieron cuarenta años. Uno no quiere siquiera imaginar cómo será el mundo dentro de cincuenta años al ritmo fulgurante del progreso actual.

¡HAZLO TÚ MISMO! LA MEJOR RECETA

Entretanto, el hombre ha penetrado en las profundidades de los misterios de la naturaleza. Como fecha clave se considera la descodificación del patrimonio genético en 2003. Apenas diez años más tarde ya existía una tecnología, el método CRISPR, con el que en cualquier laboratorio de mala muerte se pueden guiar secuencias concretas del ADN para eliminar con absoluta precisión un determinado gen. Desde entonces, sin mayor dispendio en tecnología ni dinero, es posible eliminar enfermedades hereditarias y crear almacenes de piezas de recambio para órganos humanos. Ha empezado una época en la que el hombre participa en la determinación de las realidades biológicas de su mundo. Existe incluso un término técnico para denominar esta era: el Antropoceno, la era del hombre. Según esta idea, ya no vivimos en el Holoceno, que comenzó hace aproximadamente doce mil años, cuando el clima de la tierra se hizo más cálido facilitando un período de temperatura agradable en el planeta, sino en una nueva era en la que el hombre asume por sí mismo las riendas de la naturaleza. Eso no solo se limita a la biología. Ya existen modelos —pensemos en la geoingeniería— sobre cómo manipular los procesos climáticos en la tierra para reducir la temperatura de la atmósfera terrestre.

Esto parece un logro extraordinario. A algunos casi les embarga la euforia. No obstante, no deberíamos estar tan orgullosos de nuestro dominio de la naturaleza. Según el filósofo inglés residente en Berlín, Stephen Cave, que también participa en el debate sobre el Antropoceno, las huellas que dejamos en la tierra —desforestación, calentamiento global, extinción de especies y muchas cosas más— son los «efectos secundarios de nuestro dominio».* «El Antropoceno es una prueba de nuestra superioridad y al mismo tiempo de nuestro fracaso», dice. Cave también tiene una respuesta a la pregunta más interesante en este ámbito: ¿de dónde proviene el genio inventor que nos ha llevado tan lejos? En el fondo, dice Stephen Cave en su libro *Immortality*, se trata del eterno anhelo del hombre de vencer a la muerte. Esa es, según él, la fuerza motriz de toda la civilización humana. La lucha del hombre por la supervivencia, escribe Cave, se considera a menudo algo mítico o metafísico, y eso que es lo más natural del mundo: «La montaña más imponente sufre la erosión igual que el más pequeño grano de arena en la orilla del mar. Pero incluso el organismo más minúsculo lucha con todo lo que tiene contra la arremetida de los elementos y de los enemigos [...]. Cualquier gato, cualquier árbol y cualquier escarabajo estercolero que nos encontremos, existe solo porque sus antepasados fueron los mejores cuando se trató de conservarse a sí mismos y a sus descendientes. [...] El ratón apático que no hiciera el esfuerzo de esconderse de

* Stephen Cave, «The age of Anthropocene: Masters of the Earth», *Financial Times*, (12 de diciembre de 2014).

las serpientes y lechuzas sería engullido rápidamente y con él morirían sus genes». Cave describe al hombre finalmente como un animal genial, un superdotado. Esto recuerda al gran ateo y biólogo evolutivo Richard Dawkins, que tiene para nosotros el nombre bastante poco sentimental de «máquinas de la supervivencia». Pero no se refiere solo a nosotros los hombres, sino también a los animales, las plantas, las bacterias y los virus, a todos los organismos incluida la tierra misma. ¿Logrará el hombre entonces, gracias a su astucia técnica, hacerse inmortal? No es probable. Pero todos sus esfuerzos parecen estar orientados hacia esa meta.

EL LABORATORIO EUROPA

El espíritu investigador es algo profundamente humano y existe desde los tiempos más oscuros de la protohistoria. Las primeras civilizaciones desarrolladas, en las que los inventores pudieron hacerse útiles, estaban en China y entre el Éufrates y el Tigris. La antigua Grecia se considera la cuna de las ciencias modernas. De los romanos se dice que fueron excelentes usuarios de las tecnologías más novedosas, y de los moros de la temprana Edad Media que fueron «pioneros en la adopción» de alta tecnología, alumbrado municipal, canalización y construcción de edificios y obras públicas. ¿A qué se debe, sin embargo, que fuera precisamente Europa la que desplegara una dinámica tan explosiva? El cultivo de trigo puede que sea un invento de Oriente, pero el aprovechamiento de los suelos, también los de baja calidad, el cultivo por amelgas trienales y la industrialización de la agricultura tuvieron lugar en Europa. El dinero fue inventado por los fenicios; su uso sistematizado, en Europa. En Mesopotamia se inventó el sistema bancario, también los musulmanes del siglo XII conocieron los negocios del préstamo sistemático, pero las primeras casas bancarias se crearon en el norte de Italia. La pólvora es un invento de los chinos, pero la utilizaron sobre todo para fuegos artificiales. La idea de utilizar material explosivo sonoro y de abigarrados colores para el asesinato sistemático y casi industrializado es de los europeos. ¿Por qué en Europa hay que ir dos y tres veces más allá del fondo de las cosas y perfeccionar e industrializar todo lo que llega a nuestras manos?

Karl Jaspers tiene una tesis original: la actitud intelectual de tener que penetrarlo y examinarlo todo está profundamente arraigada en la mentalidad cristiana de la Edad Media. Normalmente asociamos la antigüedad griega con el espíritu inventor e investigativo de cuño europeo, pero, aun cuando los antiguos atenieses brillaran en matemáticas, geometría, astronomía, medicina y otras ciencias naturales, para los griegos esnobs aquello no era más que una entretenida finalidad en sí misma y un pasatiempo aristocrático, como se puede leer en Finley. Cuando un pensador de la Grecia antigua se dedicaba a un trabajo científico era porque buscaba una ocupación noble para matar el tiempo, y no por un interés serio de aplicar ese saber de forma práctica. Es con buena razón que, en el fresco *La escuela de Atenas*, Platón señala hacia las nubes. Le importan los ideales, las ideas altisonantes, no la suciedad y el polvo de la realidad. En la Edad Media cristiana, en cambio, la investigación fue un acto casi religioso. En efecto, los monasterios de la Edad Media fueron, después de la caída del Imperio Romano, oasis de la cultura y las ciencias. Karl Jaspers escribe: «El *ethos* de la religión bíblica exige verdad a toda costa [...] Conocer es como reflexionar acerca de los pensamientos de Dios. Y, para decirlo con palabras de Lutero, Dios como creación también está presente en el intestino de un piojo. Con su absoluta exigencia de verdad, no puedes acercarte a Él a través de la ilusión».

La imagen de hostilidad de la Edad Media cristiana se desvela como tópico cuando nos fijamos en los grandes eruditos de la época. Alberto Magno, por ejemplo, el maestro de santo Tomás de Aquino. Como miembro de la pequeña nobleza de Suabia nació en 1200, hizo carrera en la Iglesia, llegó a la Universidad de París, allí enseñó la doctrina de la lógica de Aristóteles y fundó más tarde el colegio monacal de Colonia, que luego dio origen a la universidad de la ciudad. O si nos fijamos en investigadores como Roger Bacon, un contemporáneo de Alberto Magno y santo Tomás de Aquino, también clérigo y monje franciscano en Oxford. Fue el genio investigador más grande de su tiempo y está considerado como el inventor del método empírico. Puso nombre a las cuatro cosas que cierran al hombre el camino hacia el saber: primero, el respeto desmedido a la autoridad; segundo, la costumbre; tercero, la dependencia, y cuarto, la testarudez. Fue un cristiano radical que incluso coqueteó con la mística, pero gracias a su doctrina del método se le considera el primer científico de la era moderna. Fue hombre de la Ilustración, siglos antes de que los ateos secuestraran el término, y discípulo de Robert Grosseteste, de procedencia muy humilde, que llegó a ser nombrado obispo inglés y alcanzó la fama como investigador de fenómenos naturales como la óptica, el clima y el tiempo y como maestro de la lógica aristotélica.

En la Ilustración, cuando Europa empieza a deshacerse del lastre de los tabús religiosos, «tocar a Dios», como lo llama Jaspers, se convierte en un desafío directo a Dios. Hasta que el hombre pudo abandonarlo por completo y colocarse a sí mismo en la posición del Creador. Un tema en el que desde siempre ha querido arrojar luz a través de sus mitos y sus relatos.

ESO DE LA FORMULA UNIVERSAL

Hacer uso de relatos medio históricos, de transmisión oral y carácter legendario no es el «recurso fácil» para el autor de un texto sobre historia. Sencillamente a veces sucede que las leyendas encierran más verdad concentrada que esmeradas recopilaciones de hechos.

La leyenda más antigua del mundo que se conserva es la epopeya de Gilgamesh. Se trata en ella del hombre más capaz del mundo, un rey que todo lo posee y vence a todo enemigo. Un día muere su mejor amigo y él decide vencer a la muerte. Va hasta el fin del mundo, lucha contra gigantes y hombres-escorpión, acaba por conseguir la planta de la eterna juventud, pero al final de la historia una serpiente se la arrebata. Tiene que volver a su ciudad natal Uruk, donde una tabernera le dice cuatro verdades, y entonces comprende que tiene que disfrutar de la vida aquí y ahora y aceptar la muerte, aunque no quiera, en lugar de quejarse. Gilgamesh podría haber llegado antes a esa conclusión y habría podido ahorrarse todas las aventuras si hubiera ido enseguida a ver a la tabernera... Pero sin todas esas aventuras su historia no sería la mitad de buena. La historia de Adán y Eva no tiene un final tan feliz. En ella se castigan severamente nuestras ansias de saberlo todo y semejarnos a Dios. Y si la historia de Prometeo es cierta, el castigo del hombre que nos trajo el fuego y el progreso al mundo también fue bastante draconiano: atado a una roca en el Cáucaso, un águila se come cada día su hígado a picotazos.

Dostoievski también se atrevió a abordar una vez este tema. Le preocupaba la pregunta de por qué el hombre está tan obsesionado en dominar la naturaleza. En el famoso monólogo del gran inquisidor en su novela *Los hermanos Karamazov*, la escena se desarrolla en pleno auge de la inquisición española: las hogueras arden en Sevilla cuando Jesucristo decide de repente regresar a la tierra. Dostoievski hace caminar a Cristo, a quien reconocen enseguida, por las calles de Sevilla... y lo apresan los guardias del obispo, el gran inquisidor. Lo arrojan al calabozo. Durante la noche se abre la puerta, el gran inquisidor deposita su candelabro y comienza a hablarle a Jesús con insistencia. El clérigo acusa a Dios de haber creado un mundo en el que reina el sufrimiento. Dios se ha negado a obsequiar a los hombres con el paraíso terrenal. ¿Qué otra cosa puede hacer el hombre que encargarse él mismo? Para Dostoievski, la sed de conocimiento del hombre supone un acto de rebeldía contra la creación defectuosa de Dios. Antes de revelarle a su prisionero que al día siguiente va a ser ejecutado, el gran inquisidor le describe a Jesús una civilización del futuro en la que la ciencia va a rehacerlo todo: «En lugar de tu templo se levantará un nuevo edificio, volverá a erigirse la terrible torre de Babel de Babilonia». ¿Qué aspecto tendría hoy en día un templo así? ¿Quizá como un laboratorio de tecnología genética?

Mi amigo Yuval Harari considera que la novela *Frankenstein* de Mary Shelley publicada en 1818 es el relato más importante de nuestro tiempo. El título original exacto era, dicho sea de paso, *Frankenstein or the Modern Prometheus*. Como en la saga de Prometeo, se trata de un desafío a los dioses, de si el hombre es parte de la naturaleza o su dueño. En la mitología griega Prometeo es un héroe, aunque por su hazaña heroica tenga que sufrir amargamente. Mary Shelley representa las ansias de saber y de crear del hombre como una maldición. El personaje de su novela, Victor Frankenstein, que se arrepiente de haber creado un monstruo, es todo menos un héroe. En algún momento, Victor Frankenstein decide perseguir a su criatura por media Europa para matarla. Al final muere él mismo. La última escena sucede en alta mar. El monstruo encuentra a su creador muerto, se desespera en el momento de la victoria y se lanza a las oscuras olas del mar.

Quizá habría que dejarle a Friedrich Dürrenmatt la última palabra en lugar de contar una historia tan deprimente. En su pieza dramática *Los físicos* (1962), el profesor Möbius descubre la fórmula del mundo y se hace ingresar en una clínica psiquiátrica para que no caiga en manos equivocadas. En la sección cerrada se encuentra con Newton y Einstein, que quieren robarle la fórmula. Al final renuncian juntos a ella y la destruyen. Si esto es para usted un final feliz, continúe leyendo, por favor. Si no, tenga en cuenta la nota a pie de página.*

A continuación la más que pendiente enumeración de los inventos más importantes de la humanidad. He mezclado a conciencia inventos, descubrimientos e innovaciones técnicas; no vamos a perdernos en bizantinismos:

1. El bifaz: Hace casi mil setecientos cincuenta millones de años aparecieron por primera vez sencillas herramientas de piedra. Fueron utilizadas principalmente para romper huesos. Durante mucho tiempo no hubo nada más. El hombre primitivo era muy modesto.

2. El dominio del fuego: Cuándo y dónde el *Homo sapiens* logró por primera vez hacer fuego no se sabe con exactitud. Pero hace alrededor de trescientos mil años parece que el fuego formaba parte de la cotidianidad. No extraña que esto fuera un tema tan importante en la mitología (¡Busca en Google «Prometeo»!).

3. El bote: Hace aproximadamente cuarenta y cinco mil años, los seres humanos se atrevie-

---

* P. D.: Antes, la médico jefe copió las anotaciones de Möbius.

ron por primera vez a echarse al mar; en realidad se trata de un paso increíblemente valiente, tiene que haber sido como entrar en una cuarta dimensión. De nuevo habíamos engañado a la naturaleza. Velas hay desde cerca del año 3000 a.C.; Brújulas, desde el 475 a.C.

4. El cultivo del trigo: La revolución agrícola (hace unos doce mil años) provocó un aumento explosivo de las innovaciones. Con la agricultura sistemática entró en la escena mundial un importante actor: el tiempo. A cazadores y recolectores el tiempo horario les daba igual; para los campesinos, las partes del día y las estaciones fueron de vital importancia.

5. La pólvora: Hacia el año 800 ya se utilizaba la pólvora en China, principalmente para la diversión, para fuegos artificiales. Más tarde también en las minas. Los europeos tuvieron la idea de utilizar la técnica para armas, por primera vez, casi seiscientos años más tarde. Transformó para siempre la manera de hacer la guerra.

6. La imprenta: Antes de la invención de la imprenta los que escribían (y los que leían) eran unas personas bastante especiales. Lo escrito infundía gran respeto a quien se le acercaba. Después de que las letras adquirieron vida propia en Europa a partir de 1450, cualquiera, incluso odiadores y troles, podía escribir; nadie se lo prohibía.

7. La máquina de vapor: Desde 1769 los límites de la fuerza muscular ya no obstaculizan la economía. Primero se beneficia la industria textil. Gran Bretaña se convierte en taller del mundo. En 1825, un ingeniero británico utiliza la técnica para transportar carbón desde las minas. La primera locomotora a vapor arranca; cinco años más tarde ya existe la primera conexión ferroviaria entre Liverpool y Manchester. Aparecen métodos cada vez más sofisticados, como la energía nuclear, para transformar una forma de energía en otra.

8. La escritura: La escritura más antigua (alrededor de ocho mil años antes de nuestra era) se utilizó para marcar recipientes y saber lo que contenían. En las primitivas civilizaciones desarrolladas (a partir de más o menos el año 4000 a. C.), la escritura se convirtió cada vez más en una ciencia oculta reservada a los sumos sacerdotes y altos funcionarios de la corte. «Escritura para todos» solo existe desde que hay alfabetos fonéticos (aproximadamente desde el año 1000 a. C.). Las escrituras basadas en alfabetos (un máximo de 50 caracteres) son, gracias a su simplicidad, fáciles de aprender para cualquier persona.

9. La Coca-Cola: En 1894 se envasa por primera vez la Coca-Cola en botellas. Aquí podríamos mencionar igualmente el modelo T de Henry Ford. El bien de consumo disponible

para todos es el comienzo de una revolución mundial. Ya no se produce para pequeñas élites, sino cada vez más y para todos.

10. El ordenador: El ordenador debe su existencia a la institución militar. Ya en el año 1833 el matemático británico Charles Babbage construyó su «ingenio analítico», para facilitar el cálculo de las tablas náuticas. Al final de la Segunda Guerra Mundial los estadounidenses desarrollan la primera generación de ordenadores electrónicos para el Estado Mayor de Estados Unidos. La tecnología informática nos ha permitido descodificar el patrimonio genético humano, conquistar el espacio, y ha hecho posible la completa interconexión digital.

8

MONSTRUOS, S. A.

(Acerca del mal en la historia y por qué
nos cautiva tanto)

> Los monstruos existen, pero son dema-
> siado poco numerosos para constituir un
> verdadero peligro. Más peligrosos son
> los seres humanos comunes y corrientes.
>
> PRIMO LEVI, escritor y
> superviviente del Holocausto

Una noche en abril de 1889, en la comarca de Inn-
viertel de Alta Austria, una mujer teme por la vida
de su recién nacido. El médico, preocupado, se
inclina sobre la joven estremecida por un llanto
espasmódico. Ya ha perdido tres hijos. Gustav,
Ida y Otto han muerto en edad infantil, en cuestión de dos meses. Dos de los niños murieron de
difteria; el tercero, cuando aún era un lactante. La
mujer tiene un miedo enorme a su marido. «¿Sabe
lo que dijo tras el nacimiento de Otto? —le co-
menta al médico—. Entró en la habitación, miró a

Otto y dijo: "¿Por qué mis hijos tienen que ser semejantes debiluchos?"». Después de un rato llega el marido, oliendo a alcohol y con barba a lo Francisco José. «Pero si es más pequeño de lo que era Otto», dice el hombre rezongando. El médico lo reprende, la mujer rompe a llorar de nuevo. «He rezado cada día durante meses para que este sobreviva», dice entre lágrimas. Su marido se enfada: «¡Deja ya de lloriquear!».

El efecto inesperado de esta historia —escrita por Roald Dahl— es que el recién nacido sobrevive; se trata de un chiquillo llamado Adolf. Pero el lector no lo sabe hasta el final. Han de sorprenderlo sus propios sentimientos porque hasta el final siente empatía con el bebé que un día, bajo el nombre de Adolf Hitler, traerá la muerte a millones de personas. El relato de Roald Dahl es ficticio, pero realista, en la medida en que Alois Hitler, hijo ilegítimo de Anna Maria Schicklgruber, parece haber sido de veras un hombre violento, alcohólico y tirano. Aunque no se puede decir a ciencia cierta, puesto que Adolf Hitler mintió de manera sistemática acerca de su familia y de sus orígenes e intentó borrar huellas. Por eso no resulta fácil reconstruir su infancia. En *Mi lucha*, su autobiografía completamente falsificada, solo describe a sus padres a grandes rasgos. A su padre lo llama, por ejemplo, un simple «oficial de correos». Lo hace para dar más credibilidad a su propio relato del ascenso solitario y arduo desde bien abajo. Pero lo cierto es que él mismo se buscó caer poco a poco en una situación de precariedad, el fracaso como pintor sin empleo en Viena. En la escuela fue un negado. Como adolescente, ya era reacio al trabajo, para decirlo con sus propias palabras. El padre, en cambio, para haber nacido en la entonces atrasada comarca del Waldviertel en Baja Austria, llegó relativamente lejos. Fue un reputado agente de aduanas bien remunerado. Cuando murió, hubo para él necrológicas elogiosas en la prensa local. Esto, por supuesto, no encajaba en la leyenda inventada por Hitler de que saliendo de lo más bajo había librado una lucha solitaria contra el cartel de la burguesía. La madre se ajustaba más a la imagen de infancia humilde construida por Hitler. Provenía, en efecto, del lumpemproletariado y, antes de contraer matrimonio con Alois Hitler, había hecho de criada en su casa. Fue su tercera esposa. En torno al padre de la madre de Hitler se tejen los rumores más escabrosos. Como canciller del Reich, Hitler prohibió todo tipo de publicaciones acerca de su familia y de su vida privada. Cuando en 1942 supo que en el pueblo Spital, de donde era originario su abuelo, se hallaba una placa conmemorativa dedicada a él, tuvo uno de sus famosos ataques de rabia.

La hermana menor de Hitler, Paula, no murió hasta 1960 a la edad de 64 años en Berchtesgaden. La cuidaba, aunque suene extraño, una excompañera de Hitler, una mujer, Mizzy Reiter, a la que él había abandonado hacía muchos años, pero que, al parecer, seguía adorándolo tanto como para encargarse de su hermana después de la guerra. Las actas relativas a los interrogatorios realizados a Paula Hitler por parte del ejército estadounidense pueden consultarse en el National Archives de Washington, D. C. Tras su captura en 1945, los estadounidenses la sometieron a exhaustivos interrogatorios, pero pronto la dejaron libre. Había vivido la mayor parte del tiempo en Obersalzberg, pero no se le pudo probar ninguna falta personal. Tampoco era miembro del partido. Inmediatamente después de la guerra trabajó en una galería de arte en Viena. Durante los últimos años, Paula Hitler vivió recibiendo ayuda social del Estado en un piso de 16 m² en Berchtesgaden. Acerca de los parientes de Hitler se tienen pocas informaciones. Existe solo un libro sobre su familia, dos entrevistas en revistas de los años cincuenta y un documental. Los últimos parientes de Adolf Hitler viven en Gran Bretaña y en Estados Unidos. De alguna manera se tiene cierto recelo de fijar en ellos la mirada. La idea de que haya entre nosotros personas directamente emparentadas con Hitler produce un extraño escalofrío.

¿Por qué nos asusta y fascina tanto Hitler? Porque representa el mal por excelencia como personificación de algo monstruoso y primitivo, tan inquietante que parece imposible la idea de

que existan personas de carne y hueso con vínculos directos con él, que tengan acaso sus rasgos
faciales. En YouTube se pueden oír grabaciones
de la voz de Hitler, no solo de discursos en asam-
bleas del partido, sino también de aquellos en los
que emplea un tono moderado. Casi da miedo oír
la voz de una persona completamente normal,
donde se espera la dicción inconfundible del
monstruo y psicópata.

¿ERA HITLER UNA PERSONA NORMAL?

Miles de veces se ha intentado dilucidar quién fue
Hitler, ese autor de crímenes contra la humanidad.
Muchos se han pillado los dedos en el intento.
Auschwitz se ha convertido en el trauma alemán,
judío, europeo, global. La vejación sistemática de
la vida humana adquirió bajo Hitler dimensiones
que escapan a toda comprensión intelectual. Hitler ha sido analizado miles de veces, y ninguno de
los intentos interpretativos es satisfactorio. El más
sincero de todos en esto es su famoso biógrafo
Joachim Fest, que confiesa que la mayor parte de
estas tentativas revelan más acerca del autor que
del personaje mismo, y a fin de cuentas solo testi-
monian la impotencia de la razón frente a la figura
de Hitler. Para decirlo con palabras de Churchill:
Hitler es un misterio, envuelto en la oscuridad de
un enigma. Pero ¿acaso hay que prescindir, como

ya se ha exigido, de cualquier tipo de representación histórica? ¿Puede uno remitirse al hecho de que lo inconcebible sencillamente no puede hacerse comprensible? Esta no puede ser la respuesta. Excluiría a Hitler de la historia, como dice mi amigo y colega de profesión, el historiador Ralf Georg Reuth: «Con ello se invalidaría todo principio fundamental de las ciencias históricas».

Precisamente en el área anglosajona, unos a otros se superan, desde hace casi tres generaciones, con aportaciones interpretativas sobre la persona de Hitler. Una tesis interesante es, por ejemplo, la que expone A. J. P. Taylor, quien opina que un pensamiento antimoderno, una exaltación irracional de la violencia ya existía a comienzos del siglo xx, en muchos sitios, también en Inglaterra, pero que solo los alemanes podían tomarse las cosas tan malditamente en serio. Si Hitler hubiera nacido en Inglaterra, la sangre no habría llegado al río: «William Blake escribió cosas semejantes a las que expuso Nietzsche, pero a ningún Gladstone o Neville Chamberlain se le ocurrió, tras su lectura, que debía autoinmolarse o incendiar el mundo». Claro que el análisis de la tiranía en el hogar y del presunto placer sádico del padre forma parte del intento de clarificación del personaje de Adolf Hitler. Con respecto a su sexualidad las opiniones divergen; muchas veces se ha especulado sobre un trastorno de origen infantil. Rumores acerca de su criptorquidia

ya circularon a mansalva cuando aún vivía. Soldados ingleses cantaban: «Hitler Has Only Got One
Ball / The Other Is At The Albert Hall». (Hitler
solo tiene una bola, la otra está en el Albert Hall.)
Hace unos años corría el rumor de que Hitler era
un homosexual reprimido. «Reprimida» fue probablemente toda esa generación, pero corresponde a los expertos decidir si los hombres que se
abrazan en las trincheras cuando la temperatura
es de 10 ºC bajo cero son homosexuales. Ernst
Hanfstaengl, confidente de Hitler en los años
veinte, un heredero de un comercio de objetos de
arte que murió en 1975 en Munich, también lo
describe en su ajuste de cuentas como reprimido
y como asexual: «Llegué a la conclusión firme de
que este tipo reprimido y masturbador era impo-
tente». Leni Riefenstahl y también Eva Braun tuvieron experiencias bien distintas. En sus notas
(conservadas ahora en el National Archives de
Washington), que nunca pensó hacer públicas,
Eva Braun se queja de que Hitler piensa «siempre
solo en esa única cosa», y a veces «nunca tiene suficiente». Con la ya mencionada Maria («Mizzy»),
su primer gran amor, hija de un socialdemócrata
de Berchtesgaden, Hitler estableció contacto
años más tarde, cuando llevaba ya tiempo rela-
cionándose con Eva Braun. Estaba interesado en
tener un ligue sin compromisos, como le hizo saber a Mizzy a través de intermediarios. Ella se
negó. Cuando su tercer marido cayó en la guerra,

Hitler le hizo llegar un telegrama de condolencia y 100 rosas rojas.

¿Y viene eso al caso? Por supuesto. Todos los intentos de ver en Hitler lo anormal, lo extraño, lo extraordinario sirven exclusivamente para que estemos seguros de nosotros. Si Hitler no fuera anormal, estaría muy cerca de nosotros. Pero también eso forma parte de lo inesperado en la historia de Roald Dahl: Hitler es al principio un bebé y no algo extraño (como quisiéramos que fuera) que sale de las profundas entrañas de la tierra, no es la encarnación del mal o un extraterrestre, es sencillamente un ser humano como nosotros. He aquí el auténtico horror.

Antes de seguir ahondando en este tema que confieso que es bastante delicado, echemos un vistazo a otra figura de la historia universal que tiene un parecido sorprendente con Hitler en muchos de sus rasgos, pero que en la historiografía no sale tan mal parado.

NAPOLEÓN, EL PROTOTIPO DEL MONSTRUO

A finales del siglo XIX había tantos libros sobre Napoleón que un aplicado italiano llamado Albert Lumbroso se volvió loco tratando de catalogarlos, y eso que apenas iba por la letra B. Con algunas excepciones —entre ellos el legendario Jacob Burckhardt que describió a Napoleón como

un abominable fanfarrón—, la acogida de Napoleón fue ampliamente positiva. Hegel creía haber
visto en él la encarnación de su espíritu universal
e incluso Goethe quedó muy impresionado con el
personaje. No obstante, resulta asombroso que
Napoleón sea respetado por rasgos de la personalidad por los cuales se desprecia a Hitler.

Uno de los motivos recurrentes en la literatura de homenaje a Napoleón es, por ejemplo, su
supuesta «voluntad inquebrantable». También
se elogia su capacidad de hacer posible lo imposible. Pero ¿acaso estos atributos no distinguen
también al hijo del agente de aduanas de Linz?
Napoleón, igual que Hitler, se veía a sí mismo
como un elegido del destino. Era un ególatra, obsesionado consigo mismo y con su papel en la
historia. También lo obsesivo, las fantasías de
omnipotencia les son comunes. Y ambos fueron
capaces de sacrificar de golpe y por mero orgullo
miles y miles de vidas jóvenes. Cuando en la primavera de 1812 Napoleón emprendió su marcha
hacia Rusia con 600.000 hombres —una campaña tan descabellada como la operación del Bar-
barroja de Hitler—, afirmó orgulloso que estaría
de vuelta para el otoño. En Rusia, los generales le
pidieron hacer herrar la caballería con callos para
el invierno por si el regreso se retrasaba. Napoleón se negó. Más de 500.000 jóvenes europeos
de su gran ejército murieron en diciembre de
1812. No porque hubieran sido derribados en el

campo de batalla. Murieron de frío y hambre porque Napoleón se negó, por orgullo, a equiparlos
adecuadamente para el invierno. «Para eso están
los jóvenes», señalan que dijo Hitler cuando sus
generales le desaconsejaron por enésima vez una
batalla de aguante completamente absurda que
conllevaría enormes pérdidas. La frase habría podido ser de Napoleón.

En realidad, Napoleón es el prototipo del dictador moderno. Llegado al poder mediante el primer golpe militar de la Edad Moderna, fue también el primero en utilizar sistemáticamente la
propaganda y la puesta en escena de sí mismo.
También fue el primero en emplear consecuente-
mente a la justicia, la policía y la Iglesia como pi-
lares de su dictadura. Y es el primer jefe de Estado de la Edad Moderna que ordenó abrir fuego
contra sus propios ciudadanos. El desprecio
abierto que profesaba Napoleón contra su propio pueblo también recuerda a Hitler. Leyendo
las famosas divagaciones en *Las conversaciones
privadas de Hitler* —apuntes que su confidente
Martin Bormann, leal como un perro, tomaba de
los pensamientos que el dictador expresaba en las
sobremesas ante sus lacayos y secretarios—, se
vislumbra un hombre, cuyo odio iba dirigido
contra el mundo entero y finalmente también contra Alemania y los alemanes. Hitler no creía que
los alemanes fueran capaces de nada, tampoco
confiaba en ellos. Tenía en mente una élite imagi-

naria creada a partir de hombres de las SS; los alemanes reales no le inspiraban más que desprecio. En *Las conversaciones privadas de Hitler* incluso se deja llevar por fantasías elucubrando acerca de cuáles serían los grupos de población que haría ejecutar y en qué orden si llegaran a producirse sublevaciones. Hasta el último momento, tanto Napoleón como Hitler, creían en su victoria final. Incluso en el exilio en Elba, Napoleón no sentía su Waterloo como un Waterloo y escribió en sus memorias que, tras la batalla al sur de Bruselas, había sentido compasión por los aliados que estaban bajo el mando del general Wellington. Sobre todo para la población de Londres, escribía, la noticia del hundimiento de su ejército tiene que haber sido horrible. No quiso reconocer hasta el final que su ejército había sucumbido ante las tropas alemanas, holandesas e inglesas. También en esto responde al tópico del tirano ajeno a la realidad.

Para formarse una idea del monstruo que fue Napoleón lo mejor probablemente sea escoger, de entre las pilas de descripciones que existen de él, las observaciones de un hombre que de veras lo conocía bien: Clemente Príncipe de Metternich, diplomático y ministro de Asuntos Exteriores del imperio austrohúngaro. «De todos los mortales del extranjero, nadie vio tantas veces al emperador y nadie lo observó con tanta sobriedad como Metternich», reconoce Jacob Burckhardt. El mis-

mo Metternich escribió: «Lo conocí y lo estudié
en los momentos de su mayor esplendor, pero
también en los de su hundimiento». Metternich
es una fuente singularmente buena. Habla de Napoleón con gran respeto. Lo impresionaba su
«extraordinaria agudeza y gran sencillez de pensamiento». Cuenta que «la conversación con él
siempre tenía para mí un encanto difícil de describir. Captaba lo esencial, prescindía de muletillas
superfluas [...] No hablaba por hablar; hablaba;
su riqueza de ideas y su elocuencia le permitían
tomar la palabra con habilidad, uno de sus giros
preferidos era: "Entiendo lo que usted quiere, su
objetivo es tal y cual, o sea que vamos al grano".
Así y todo, escuchaba los comentarios o las obje-
ciones que se planteaban. Las retomaba, las explicaba o las rebatía, sin abandonar el tono o la
cortesía propia de una negociación y nunca sentí
el más mínimo embarazo al decirle lo que consideraba la verdad, incluso cuando era probable
que no le gustase. [...] En la práctica, como en sus
discursos, perseguía su meta sin desviarse, sin detenerse en pensamientos que consideraba secundarios y cuya importancia tal vez menospreció a
menudo. Prefería optar por la línea que más rápido lo condujera a su objetivo y no la abandonaba
mientras no hubiera algo que lo hiciera desviarse
de ella. Sin embargo, no era esclavo de sus planes, sino que sabía desecharlos o modificarlos en
caso de cambiar de opinión o cuando nuevas cons-

telaciones le permitían alcanzar su meta tomando otros caminos».

Hasta aquí lo que dice este hombre se parece a las palabras de Angela Merkel o Kai Diekmann. Pero luego Metternich continúa y cuenta que Napoleón se consideraba a sí mismo un ser único creado para gobernar el mundo. Habla de su desprecio por las ciencias. Lo cual es sorprendente, en realidad, en un hombre que fue catapultado hacia arriba por la Ilustración. Luego menciona el extraño menosprecio que sentía hacia su propio pueblo. Los franceses eran para Napoleón críos maleducados («Corren tras lo que sea, los guía la vanidad y, como niños, siempre deben tener un juguete.»), y comparó París con una ópera en la que se pretende engañar al público. Metternich señala su hostilidad en el trato con las mujeres, con subordinados y en realidad con todo el mundo. Describe su propensión a la cólera y la violencia. Dice que, en el apogeo de su poder, incluso sus parientes más cercanos solo podían acercársele en actitud reverencial. Según él, Napoleón era alguien que vivía obsesionado por expandir su poder, podía sentir compasión en casos particulares, pero el sufrimiento de la masa lo dejaba absolutamente indiferente. No era un Hitler, pues no se le puede imputar un genocidio sistemático. Pero también nos puso de manifiesto de forma bastante drástica la locura de la cual es capaz el ser humano.

EL MAL HISTÓRICO DESDE LA PERSPECTIVA FORENSE

¿Es lícito establecer una comparación entre Napoleón y Hitler? Un historiador serio nunca lo haría. Al fin y al cabo, las comparaciones siempre son odiosas. Pero, ante la dimensión de la capacidad destructora de Hitler, el peligro no consiste en presentarlo más inofensivo de lo que fue, sino más bien en ver en el hitlerismo lo extraordinario, lo singular. Considerar a Hitler como un único desliz de la historia universal —dicen Joachim Fest, Hannah Arendt y Golo Mann— es, por tentador que sea, un enorme autoengaño. Conduce directamente a la falsa seguridad de estar a salvo, personalmente y como sociedad, de todo tipo de aberraciones que desprecien al ser humano y a la vida. El ansia de apartar de sí el mal es muy comprensible y más que humana. Nuestros antepasados lo conjuraron inventándose ritos, chivos expiatorios, por ejemplo. O persiguiendo brujas. Una versión moderna de esta técnica, de echar fuera de sí todo mal, es nuestra inclinación a colgar al malo la etiqueta de «enfermo». Cuando sucede un crimen especialmente impactante, rápidamente calificamos al autor de «loco». Con ello, lo mantenemos ante todo a una distancia segura. Lo que nuestro mecanismo de autoprotección descuida adrede es que las prisiones están llenas de personas como tú y como yo y que la mayoría de los delitos con resultado de muerte son cometidos por personas absolutamente sanas, por lo general, impelidos por un arrebato.

El afán de endosar el mal a los enfermos tiene un origen muy feo. En el siglo XIX eran muy populares las tesis del médico de Turín, Cesare Lombroso, que viajó por las prisiones italianas midiendo cerebros y que creía firmemente en las causas biológicas de la violencia. La tipificación de los delitos realizada por Lombroso basándose en características físicas externas sirvió más tarde a los nazis como modelo para sus teorías biológico-raciales. En 1968, la comunidad científica se regocijó brevemente cuando a un asesino en serie estadounidense, llamado Richard Speck, se le encontró un cromosoma Y adicional. Más tarde, resultó que la esperanza de haber descubierto un cromosoma asesino había sido prematura. Uno de los psiquiatras forenses más famosos, el profesor Reinhard Haller, natural de Austria y que entre otros llevó el caso del delincuente sexual Josef Fritzl, dice: «No podemos atribuir el mal a estructuras cerebrales. El mal solo requiere un ser humano, solo precisa de cualquiera de nosotros». Pero que el mal reside dentro de todos nosotros, según Haller, se manifiesta ya en nuestro lenguaje cotidiano. Decimos: «Te vas a enterar, vas a saber quién soy», y con ello queremos decir que hay partes de nosotros que normalmente reprimimos, que no llegamos a desahogar por mantener una actitud civilizada, o por educación o por conveniencia.

El legendario experimento de Milgram muestra, por ejemplo, lo fácil que resulta a personas comunes y corrientes ser crueles cuando así lo exige el método probatorio, es decir, cuando es deseado por razones sociales y estrictamente científicas. A un grupo de estudiantes se le pidió entrar en una sala de control y observar tras un cristal cómo otros participantes en el experimento intentaban solucionar acertijos de letras sentados a una mesa. Cuando estos cometieran errores, los estudiantes debían infligir descargas eléctricas a los participantes accionando una palanca. Si los errores eran menores, las descargas debían ser suaves, y cuanto más grave el error más grande la descarga, con tendencia creciente hasta provocar mucho dolor. Los choques eléctricos solo eran simulados, naturalmente, y el dolor de los participantes, fingido, pero los estudiantes no lo sabían ni tampoco que eran ellos los verdaderos conejillos de India. Dos tercios de los estudiantes obedecieron las órdenes y estuvieron dispuestos a ejercer violencia sobre otras personas que no les habían hecho nada. Al fin y al cabo la agresión había sido ordenada y en general deseada.

En Suecia se practicó la esterilización forzosa de discapacitados intelectuales hasta 1975; en Holanda hubo debates relativamente desapasionados acerca de si el dinero que se gasta en medidas para mantener con vida a pacientes mayores en los hospitales no estaría mejor empleado en hacer posible el sueño de familias jóvenes de tener un hogar propio. En clínicas de fertilidad se realiza a diario una selección de embriones, mediante el llamado *screening*, cuyo genotipo indica problemas o riesgos. Cada año se descartan cientos de miles de embriones en la investigación. El debate acerca de vidas dignas o indignas no es pues exclusivo del nacionalsocialismo ni tampoco ha sido zanjado. Más allá de la época nazi, en el mundo occidental también se han considerado científicas las diferencias raciales. En Estados Unidos la «superioridad de la raza blanca» era innegable hasta 1960. La detención de Rosa Parks que se negó a cederle el sitio a un blanco en un autobús sucedió en 1955. La segregación racial no fue abolida hasta 1964 tras la muerte Kennedy por su sucesor Lyndon B. Johnson. En Australia existió la política «White Australia», con la cual se limitó la inmigración de personas no blancas hasta 1973.

Cuando en enero de 1933, en las primeras semanas después de la toma de poder de Hitler, las tropas de la policía de Göring asaltaron redacciones de prensa y emitieron órdenes de detención, los tribunales alemanes, conforme a su deber, intervinieron y ordenaron liberaciones de personas que estaban siendo retenidas sin que mediara la correspondiente sentencia judicial. Pero luego, cuando entraron en vigor los decretos de emergencia y a partir del 24 de marzo, el Parlamento adoptó la ley de plenos poderes; esto fue suficiente para eliminar todos los instintos ético-legales. La crueldad, igual que en el experimento de Milgram, fue entonces política, jurídica y socialmente autorizada. ¿Qué otra cosa podía hacer una persona con un cargo en un ministerio o un sargento de la policía en Berlín que hacer lo que siempre se había hecho, obedecer a aquel que determina lo que es de ley? Según el profesor Haller, desde el punto de vista forense a la pregunta de quién era Hitler, quién era Himmler, Heydrich, Mengele, quiénes eran esos miles que actuaron como verdugos, aquellos que cometieron todas esas atrocidades sistemáticas, no hay más que una respuesta: gente común. Andrzej Szczypiorski, un superviviente del campo de concentración de Sachsenhausen, lo formuló una vez de la siguiente manera: «En el campo de concentración he conocido a gente que, con aplicación y espíritu de sacrificio, asesinó a otros, gente que sin ánimo de obtener beneficio propio, por conciencia del deber y con puntualidad, denunció a su prójimo, lo torturó honesta y aplicadamente mostrando una impecabilidad y meticulosidad ejemplares». Un Hitler, un Napoleón, un Jan van Leiden, un Idi Amin, un Pol Pot no son seres anómalos. No son la excepción. La excepción son las personas que en los momentos decisivos defienden la dignidad del hombre contra la opinión general.

Por eso, en este apartado, prefiero no hacer una enumeración de los 10 más significativos. Solo quiero mencionarnos a nosotros mismos. Al *Homo sapiens*. En cambio, para refrenar nuestro placer por buscar chivos expiatorios, mencionaré cinco monstruos que seguramente no fueron tan malos, y cinco héroes que seguramente no son tan intachables como muchos piensan.

SUPUESTOS MALVADOS

1. Atila (¿?-453): «Hombrecillos de piel amarilla con ojos rasgados y cicatrices en la cara», así describe el gran Gombrich a las hordas de jinetes provenientes de las estepas de Asia. Los hunos no tienen buena fama en el siglo v, son considerados bastos por excelencia. Su rey Atila se quema en el séptimo círculo del infierno de Dante. Es injusto. Atila era muy culto, siempre se rodeaba de gente que hablaba latín. Intentaba entender la cultura de las regiones conquistadas. Se casó con una princesa germana, quien murió lamentablemente la noche de la boda. En Hungría goza de gran respeto.

2. Ricardo III de Inglaterra (1452-1585): Desde Shakespeare es considerado como el prototipo del tirano. En realidad, Ricardo III de Inglate-

rra fue más bien un rey insignificante. Su mala fama es el resultado de una propaganda orquestada. En la lucha por la corona inglesa, la dinastía Tudor había triunfado sobre la casa de Plantagenet y, tras su toma de poder, pusieron en marcha la maquinaria propagandística para que la era Plantagenet se viera de la forma más lúgubre posible. Cuando Shakespeare escribió su drama en 1593, *Ricardo III*, aunque ya había muerto hacía un siglo, la imagen negativa de este rey había cobrado vida propia. Shakespeare retomó esta idea y consolidó la mala reputación de Ricardo III para la eternidad.

3. Nicolás Maquiavelo (1469-1527): Maquiavelismo es sinónimo de política de poder caracterizada por la ausencia de escrúpulos. En realidad es algo absurdo, porque Maquiavelo no era maquiavelista. Nicolás Maquiavelo es, en su calidad de pensador filosófico, incluso uno de los padres fundadores de la democracia moderna. Fue el primero que, como teórico político, definió la contradicción y el conflicto como elementos provechosos para una sociedad, de modo que se le puede considerar como el inventor del pluralismo en el discurso político.

4. Hernán Cortés (1485-1547): La conquista de México (1519-1521) se considera una mancha negra que ensucia la camisa blanca de Europa. Millones de habitantes perdieron la vida, la mayoría a causa de enfermedades importadas des-

de Europa. Pero a Cortés se le considera erróneamente un conquistador malvado. Acabó con los sacrificios humanos y puso fin a la supremacía de los aztecas para regocijo de muchas tribus indígenas; para algunos es el padre del México moderno.

5. Vladimir Ilich Lenin (1870-924): Stefan Zweig dice: «Millones de balas se disparan en las guerras, pero ninguna ha sido tan eficiente como el tren blindado que, partiendo de Suiza, atravesó Alemania llevando a Lenin a San Petersburgo». Lenin hizo volar por los aires el orden del mundo; es el fundador del primer régimen totalitario del siglo XX. Pero las matanzas en masa, las purgas políticas no se produjeron hasta la llegada de Stalin, después de la muerte de Lenin en 1924. Lenin era de ascendencia noble (lo cual fue omitido por principio en la historiografía soviética) y una persona de espíritu refinado. Stalin le parecía basto y ordinario. Intentó impedir su ascenso en vano.

HÉROES CON PEGAS

1. Juana de Arco (1412-431): Juana fue una santa. Y también la fundadora del nacionalismo fanático en Europa. Defendió la opinión de que quien se enfrentaba a Francia desafiaba con ello al mismísimo Dios. ¡Qué soberbia

más inaudita! Otras personas han ido a parar
a la hoguera por herejías más nimias.

2. Federico II el Grande (1712-1786): Un rey filósofo en el sentido de Platón, es cierto. La
primera acción oficial como rey joven, de 28
años, fue prohibir la tortura, abolir la esclavitud, instaurar derechos para las minorías. No
obstante, ese mismo año, 1740, invadió Silesia
y declaró la guerra a Austria, el país amigo, sin
que mediara provocación alguna. Ni siquiera
intentó justificarlo filosóficamente. Así se convirtió en el fundador de una nueva política alemana de asuntos exteriores. Voltaire le retiró
sus afectos tras la invasión de Silesia.

3. Mahatma Gandhi (1869-1948): Fue nomina-
do 12 veces para el Premio Nobel de la Paz, la
última vez el año de su muerte en 1948. Nunca lo recibió. ¿Habría merecido este premio?
¡Por supuesto! Pero a activistas del ecologis-
mo, como Arundhati Roy, les molesta de
Gandhi, por ejemplo, su manifiesto conserva-
durismo. Consideraba el sistema de castas de
India como una tradición antigua y venerable.
En Israel, Gandhi tampoco tiene muchos amigos; defendía la posición, históricamente poco
sostenible, de que Palestina pertenece exclusivamente a los árabes.

4. Claus von Stauffenberg (1907-1944): ¿Por qué
no hay en Berlín un monumento a Stauffenberg? Porque se quiere honrar el intento de

asesinato del tirano, pero sin enaltecer la persona de Stauffenberg. Sus opiniones personales no encajan con las actuales en Alemania y solo son compartidas, si acaso, en la mayoría de regiones de Brandenburgo. Seguro que para después del atentado del 20 de julio de 1944, Stauffenberg tenía en mente un país gobernado con mano más dura que la actual.

5. Mijaíl Gorbachov (1931-): Elogiado en Occidente y detestado en Rusia. Ninguno de estos dos sentimientos le hacen justicia. Los ucranianos tienen razón para denostarle porque en 1986 no tuvo el coraje de aceptar públicamente el desastre de Chernóbil, que causó la muerte de decenas de miles de personas. Esperó 18 días antes de advertir a la población tras el accidente del reactor nuclear. Incluso el periódico *Pravda* criticó su política de información.

9

EL EJÉRCITO INVISIBLE

(Palabras que han transformado el mundo)

> Una lengua es un dialecto con un ejército y una armada.
>
> MAX WEINREICH, lingüista

> La ética, si es algo, es sobrenatural y nuestras palabras solo expresan hechos, del mismo modo que una taza de té solo podrá contener el volumen de agua propio de una taza de té por más que se vierta un litro en ella.
>
> LUDWIG WITTGENSTEIN

Hay una historia sobre el rey persa Darío I que hace aguzar los oídos. Ocurre a mediados del primer milenio antes de nuestra era. El famoso rey, Darío I, el Grande, envía un emisario a Oretes, el príncipe de un reino vecino. El emisario es recibido. Entrega al secretario del príncipe un papiro con el sello real y este empieza a leer en voz alta, mientras el príncipe rodeado de sus guardaespaldas espera pacientemente. Su secretario lee: «Persas, Darío el Grande, os prohíbe proteger a Oretes». Al oír esto, los guardaespaldas dejan caer sus lanzas. El emisario le entrega al secretario otro escrito, en el que pone: «Persas, Darío el Grande os ordena matar a Oretes». A continuación los guardaespaldas sacan sus dagas y asesinan a su amo.

Si la historia es verdadera o no, no tiene importancia. Proviene de la pluma del historiador griego Heródoto a quién no le interesaba el rigor, sino transmitirnos una moraleja: ¡no subestiméis el poder de la palabra, sobre todo de la escrita! Hay otra cosa digna de hacer notar; aparentemente algo secundario: todos los involucrados dependen del secretario que lee en voz alta. En el siglo I a. C., por lo visto, uno no tenía que saber leer para ser príncipe, embajador u oficial. Para la lectura tenía a su gente, para eso estaban los especialistas. El funcionamiento exacto de las letras y las palabras que estas conformaban era una cuestión de la mecánica que no se entendía muy bien, comparable con el poder hablar por teléfono hoy en día sin saber exactamente cómo funciona la técnica de transmisión de la voz vía satélite en el espacio.

En la mayoría de los libros de historia, el invento de la escritura es considerado un punto de inflexión del desarrollo cultural del hombre. Comprensible. En las ciudades primitivas de cierto tamaño, la tarea del abastecimiento y la administración no podía realizarse ya sin la escritura. Al principio, sin embargo, escribir significaba garabatear; los literatos y pensadores tuvieron que esperar aún mucho tiempo hasta que los signos fonéticos y el alfabeto les permitieran transformar en algo escrito no solo cosas concretas sino también pensamientos. Pero también más tarde la escritura no fue otra cosa que plasmar palabras. De manera que hay que mirar al poder de la palabra misma para llegar a apreciar la fuerza que emanaba de la escrita, y para entender por qué las culturas desarrolladas deben su ascenso al invento de la escritura. El verdadero milagro es el habla. Es decir, la palabra. Por muy rudimentario que sea el uso que a menudo hacemos de ella. Dicho sea de paso, esta también era la opinión de Ludwig Wittgenstein que, como es sabido, juzgaba con escepticismo la fuerza enunciativa de la lengua. Por mucho que insistiera en que a las cosas esenciales no se las puede denominar, bien que le fascinaba el hecho de que al menos se las pudiera nombrar. Al igual que se mostraba, en general, admirado de la existencia del mundo. En las famosas lecciones sobre ética que impartió en 1930, en Cambridge, dijo:

Mi único propósito —y creo que el de todos aquellos que han tratado alguna vez de escribir o hablar de ética o religión— es arremeter contra los límites del lenguaje. Este arremeter contra las paredes de nuestra jaula es perfecta y absolutamente desesperanzado. La ética, en la medida en que surge del deseo de decir algo sobre el sentido último de la vida, sobre lo absolutamente bueno, lo absolutamente valioso, no puede ser una ciencia. Lo que dice la ética no añade nada, en ningún sentido, a nuestro conocimiento. Pero es un testimonio de una tendencia del espíritu humano que yo personalmente no puedo sino respetar profundamente y que por nada del mundo ridiculizaría.

¿Dónde comienza el habla? La emisión de sonidos, el susurro agradable cuando, por ejemplo, nos rascan suavemente o nos dan un buen masaje, o el que lanzamos cuando amenazamos, advertimos o gritamos «¡Cuidado, tigre a la vista!», o aquello que salía de la boca de nuestros antepasados para señalar a un animal o una planta no es hablar en el sentido literal de la palabra. El asunto empieza a ser interesante cuando comenzamos a denominar cosas que no tenemos ante las narices. A partir del momento en que nuestros antepasados comenzaron a denominar cosas no presentes pusieron, desde el punto de vista técnico-evolutivo, el turbo. En cuanto son capaces de denominar cosas que solo están en la imaginación, se pueden poner de acuerdo acerca de realidades comunes y con ello crear nuevas realidades.

El filósofo cultural Thomas Macho, que durante años fue mi vecino en Berlín, defiende la interesante tesis de que el creciente sedentarismo, ese proceso que se extendió a lo largo de miles de años, favoreció, a partir del siglo XII antes de nuestra era, la capacidad que poseemos de denominar lo que no está presente. Con ello, la habilidad del hombre para hablar y el poder de su imaginación tienen que haber dado un paso de gigante. El hombre que ha dejado de ser nómada, que ya no va de la montaña al río y del río al páramo y de ahí a la estepa, sustituye, según Macho, el movimiento de peregrinación horizontal por uno vertical: empieza a contarse peregrinaciones en sentido figurado. El hombre se pregunta de dónde vengo; y si proviene acaso del reino de los antepasados, de los muertos, de los no natos. Realiza peregrinaciones, solo que esta vez en sentido trascendental. Cuando nos topamos con figuras de arcilla con barrigas gordas como de embarazada, probablemente estamos no solo ante un objeto que remite a un ritual de fertilidad de nuestros antepasados, sino también al hecho de que intentaban tomar consciencia de sus orígenes. Sucede algo completamente nuevo cuando de repente reflexionamos acerca de esto no solo en sentido espacial. Según Macho: «Hasta el día de hoy definimos nuestra identidad en base a esta entrada vertical en el mundo en el momento de nuestro nacimiento. Las dos preguntas, "¿Dónde

HISTORIA PORTÁTIL DEL MUNDO

he venido al mundo?" y "¿Cuándo he venido al mundo?", figuran en cualquier acta de nacimiento, en cualquier pasaporte, son información básica que se anota también en el documento provisional de todo apátrida o emigrante. La pregunta acerca de mi entrada vertical en el mundo y no la de dónde me muevo horizontalmente es lo que define mi identidad, mi familia, el grupo al que pertenezco».

La pregunta acerca de nuestro origen en el sentido trascendental es una de las primerísimas cosas que ya no se pueden tratar en una vulgar comunicación cara a cara usando un vocabulario que solo haga referencia a lo visible. Aquellos antepasados nuestros que se plantearon esta pregunta necesitaron un lenguaje capaz de hacer visible lo invisible a los ojos del espíritu. Y pronto requirieron figuras mediadoras, iconos a lo Prometeo, magos, profetas, sacerdotes, viajeros que atravesaran fronteras como Gilgamesh, capaces de hacer de intermediarios entre los mundos, entre «los de arriba» en el cielo y nosotros «aquí abajo» en la tierra. Y eso que algo similar al carisma ya jugó probablemente un papel decisivo entre nuestros antepasados, aunque también alguna que otra borrachera pudo haber contribuido. En *Warum die Menschen sesshaft wurden* [Por qué los hombres se hicieron sedentarios], el biólogo evolucionista bávaro Josef H. Reichholf asegura que el descubrimiento de la fermentación fue un factor decisivo para que triunfara el modelo del sedentarismo. Para practicarla sistemáticamente —por ejemplo, para la elaboración de una forma primitiva de cerveza—, había que dejar la vida andariega y asentarse. El hábito de encontrarse periódicamente en estado de embriaguez fue con seguridad un buen argumento para hacerse sedentario.

Sobre el efecto de la palabra en nuestro intelecto y su poder de hacer realidad las ideas, muchos son las personas sabias que se han devanado los sesos. Para el historiador universal Yuval Harari, natural de Israel, a quien ya he citado varias veces, la explicación del ascenso del hombre radica exclusivamente en su capacidad de crear realidades por medio de palabras. Entre estas realidades figuran para él, los dioses, la escritura, el dinero, las naciones, las sociedades anónimas, la OTAN, la UE y más o menos todo lo que damos por hecho. Toda nuestra civilización, con sus leyes y convenciones, sus tratados y dependencias mutuas, es para Harari el resultado de esa fuerza de la imaginación colectiva que debemos al lenguaje.

Ahora, en realidad, habría llegado el momento en el que tendríamos que hablar de la historia de las lenguas. Ya el hebreo merecería un capítulo aparte. Una lengua artificial, creada para proporcionar identidad. Una lengua que declara sagrada la palabra misma. Un proceso único. Así fue como se pudo leer, entender y hacer comprensible el curso de la historia, la voluntad divina, la meta de la historia. Un paso gigantesco para alejarse del pensamiento basado en los milagros y acercarse al pensamiento basado en la razón. Para narrar la historia de las lenguas habría que abordar la cuestión de cómo surgieron y cómo se propagaron. En Francia, por ejemplo, fuera de París, apenas nadie hablaba francés. En el campo, en la provincia se hablaba bretón, gascón, diversas lenguas galas y retorromanas, así como dialectos españoles, alemanes e ingleses. Fueron necesarias vehementes intervenciones del Estado —la última a finales del siglo XIX— para difundir el francés literario y, para disgusto de los tradicionalistas, desterrar las lenguas locales, en la medida de lo posible, del uso oficial. Esto es lo que Max Weinreich, el gran investigador del yiddish escribió: «Una lengua es un dialecto con un ejército y una armada». Y es que a veces son necesarios esfuerzos sistemáticos, a veces incluso ejércitos para imponer una lengua.

Una vez conseguido esto, se está ante una colectividad bastante contundente. Pero vale la pena recordar que una lengua común es la condición para poder alcanzar a muchas personas a través de la palabra. Las antiguas naciones solo fueron posibles gracias a una lengua común. Como explica el estadounidense experto en ciencias políticas, Benedict Anderson, en su libro

Imagined Communities, el ascenso del nacionalismo en el siglo XIX habría sido imposible sin el surgimiento de medios de comunicación de masas lingüísticamente homogéneas. Sin ellos, grupos de población regionalmente dispersos nunca se habrían considerado como pertenecientes a una sociedad coherente, con un distintivo cultural. ¿Es el miedo a perder esas identidades colectivas construidas o singularidades culturales realmente distintivas lo que preocupa a muchos europeos en tiempos de la globalización? En particular se plantea la pregunta de qué efecto tiene sobre nosotros el que la lengua deje de existir como factor de identidad, puesto que en el mundo digital todos hablan más o menos de forma superficial la misma lengua. ¿Se desintegran colectivos? ¿Se forman nuevos? ¿Conllevará una lengua globalmente comprensible el que las ideas de libertad y dignidad humana se difundan globalmente? ¿O sobre todo se difundirá la desinformación y el pensamiento basura? Un país como China intenta aislar internet del mundo exterior, pero los ceros y los unos —un ordenador no necesita nada más para transportar información— son como un ejército invisible que por nada se deja detener.

LUTERO ERA LA HOSTIA

La fuerza explosiva de la lengua es una gran constante en la narrativa humana. En lugar de ponernos a darle vueltas a esto teorizando, a continuación aportaré dos ejemplos muy concretos, ambos de Lutero. El primero del Lutero original, el otro de Martin Luther King, cuyo discurso profético *I have a dream* [Tengo un sueño], junto con el sermón de la montaña, es sin duda el discurso más famoso de la historia de la humanidad.

Primero hablemos de la comparecencia de Martín Lutero ante la Dieta de Worms el 18 de abril de 1521. El contexto es el siguiente: Lutero había roto con la Iglesia pocos meses antes, después de recibir de Roma una bula que amenazaba con excomulgarlo, había acudido con sus adeptos a las puertas del Palacio de Wittenberg y había quemado allí libros con escritos canónicos y la bula misma. Públicamente. La Iglesia exigió al emperador que el rebelde y entretanto bastante popular monje agustino fuera apresado y proscrito de inmediato. Pero el emperador, recién llegado al trono, no quería tomar una decisión de estas características sin el respaldo de los príncipes territoriales y de los estamentos del Reich. De modo que convocó a Lutero a que compareciera ante la Dieta de Worms. No obstante, se le prohibió expresamente justificarse o enredar al concilio en debates teológicos. Se le exigió responder exactamente a dos preguntas: la primera, si era realmente el autor de los libros publicados bajo su nombre, y la segunda, si estaba dispuesto a retractarse de su contenido.

Lutero acudió a Worms, aun sabiendo que tenía que contar con la posibilidad de ser arrestado en el camino. El reformador de Bohemia Jan Hus, que viajó al Concilio de Constanza en 1415 con la promesa de un salvoconducto, fue apresado y quemado en la hoguera. Lutero, sin embargo, llegó sano y salvo a Worms. Para entender la vehemencia con la que desafió a la tradición es útil considerarlo, según Egon Friedell, como «hombre de transición»: «Precisamente esa extraña aleación de lo tradicional y lo nuevo es el material del cual están hechos los grandes innovadores, los reformadores y regeneradores de la especie que sea. Solo porque la tradición pervivía aún de forma tan intensa en estos revolucionarios, esta pudo causar en ellos ese odio recalcitrante y creativo que los instó y habilitó para dedicar la fuerza concentrada de toda su existencia a la lucha y supresión de la misma. [...] Solo el agustino maniqueo podía convertirse en padre de la Iglesia, solo el viejo aristócrata conde de Mirabeau podía desencadenar la Revolución Francesa, solo el hijo de pastor Friedrich Nietzsche podía convertirse en anticristo y amoralista».

Lutero, dicho sea de paso, no era amigo del pueblo llano ni tampoco lo que se dice un demócrata. Durante las guerras campesinas estuvo del lado de la autoridad. El dominio de la razón pura, el racionalismo aclamado en su tiempo, le resultaba sospechoso. En muchos aspectos era un hombre profundamente reaccionario o al menos conservador. No obstante, estaba a favor de la ruptura con una tradición que casi podíamos calificar de propia de los primeros tiempos: la tradición del mediador. Con su insistencia en la relación personal con Dios, relación que no admite intermediario, con la apelación exclusiva a la propia conciencia, descartaba la posición del mediador. Una función que desde siempre —sobre todo en el Antiguo Testamento— había sido una constante en la relación entre Dios y el hombre. Así fue como Lutero se convirtió, a pesar de su naturaleza contraria al progreso, en uno de los más grandes modernizadores de Europa. Su influencia radicó en el triunfo del tesón individualista, en la victoria del yo con mayúscula. La frase legendaria, aunque no claramente documentada de su discurso en Worms («Aquí estoy. No puedo hacer otra cosa») es el grito primario, un desafío a la jerarquía y al orden vigentes hasta ese momento.

La cortesía de las palabras de Lutero en Worms, que a pesar de su firmeza resulta casi cautivadora, hace de su comparecencia un acontecimiento «épico», como dirían mis hijos. La primera pregunta, la referente a la autoría, la responde el primer día con un discreto «Sí». Para la segunda pidió algo de tiempo de reflexión. Cuando al segundo día se presentó ante el emperador y la Dieta, todos esperaban una comparecencia igual de humilde que la del día anterior. Y, en efecto, Lutero comenzó con testimonios de respeto que no habrían podido ser más refinados: «Serenísimo señor emperador, ilustrísimos príncipes, clementísimos señores...» y demás. Luego señaló con la máxima cortesía de la que era capaz que difícilmente podía rechazar los escritos redactados por él, entre los cuales se encontraban al fin y al cabo verdades de fe absolutamente irrefutables. Que no podía ser del interés de las autoridades rebatir públicamente doctrinas eclesiásticas oficialmente válidas. Que, como sus «mismos adversarios» tenían que «admitir», sus escritos eran «útiles, inofensivos y claramente dignos de ser leídos por cristianos».

Recurriendo a este truco puso en evidencia la incorrección, desde el punto de vista canónico, de la pregunta que le había sido formulada por el concilio. Si me probáis en qué pasaje exactamente he falsificado la palabra de Cristo, argumentó Lutero, con gusto me retracto de él, pero no estoy dispuesto a revocarlo todo. De este modo, Lutero devolvía la pelota al tejado de sus contrincantes que a toda costa pretendían evitar un debate teológico ante la Dieta: «En consecuencia, vuestra serenísima majestad e ilustrísimas señorías, ruego por la misericordia de Dios que cualquiera, ya sea el más alto o el más bajo, con tal que sea capaz, de testimonio, me convenza de mis errores y los refute por medio de escrituras proféticas y evangélicas. Estaré del todo dispuesto, si me convencen, a renunciar a cualquier error y seré el primero en arrojar mis libros al fuego». El discurso tiene que haber paralizado a los oyentes. Al final de su breve comparecencia pidió de nuevo: «Y por esto quisiera encomendarme muy sumiso a vuestra majestad y vuestras mercedes..., y rogarles con toda humildad» que no permitan que siga «cayendo en desgracia», a menos que se me convenza «mediante el testimonio de las Escrituras o por razones evidentes». Pues: «Mi conciencia es prisionera de la palabra de Dios, y no puedo ni quiero revocar nada reconociendo que no es seguro o correcto actuar contra la conciencia. Que Dios me ayude. Amén».

Tras esta comparecencia bombástica, Lutero pudo retirarse como hombre libre y como héroe, tanto del pueblo como de los intelectuales (ser de ambos es cosa poco corriente). Solo después de que las autoridades se hubieron repuesto del discurso de Lutero, fue emitido el edicto que autorizaba su detención y que pasó a la historia con el nombre de Edicto de Worms. La ruptura que Lutero había llevado a cabo era demasiado evidente. A continuación se produjo la estancia involuntaria (pero muy productiva) de Lutero en el castillo de Wartburg, en Eisenach. Bajo el nom-

bre ficticio de Junker Jörg, allí tradujo el Nuevo
Testamento a un alemán comprensible para todo
el mundo; con ello hizo accesible la Biblia para
todos y de paso, mediante su labor de unificación
y limpieza de la lengua, despojándola de todas las
particularidades regionales, creó el alemán moderno. Lutero no solo fue el Prometeo de la cultura del ego, aportó sobre todo un nuevo elemento
profano a la religión. Insistiendo en que toda persona, en cualquier momento, en cualquier cargo
o profesión podía vivir agradando a Dios, convirtió la cotidianidad —y en el ámbito alemán, holandés e inglés sobre todo el trabajo— en algo
sagrado. Las palabras e ideas que Lutero nos trajo cambiaron este mundo. No hay apenas mejor
prueba del poder de la palabra.

Junto a apologías como la de Sócrates o la de Lutero, los discursos proféticos figuran entre las joyas de la corona de nuestra memoria colectiva.
Uno de los discursos, con razón, más famosos de
todos los tiempos, uno cuya *frase* reclamo conocen hasta los niños, es el que pronunció Martin
Luther King el 28 de agosto de 1963 ante el Lincoln Memorial en Washington. Más de 250.000
personas habían acudido para manifestarse por
aquellos derechos ciudadanos que la constitución
de Estados Unidos garantizaba a todo el mundo.
Fue el apogeo del llamado verano de la insatisfac-

ción. Martin Luther King Jr. era pastor de una comunidad bautista en Alabama, un estado por entonces profundamente racista del sur de Estados Unidos, donde muchos trabajadores negros eran tratados como animales y donde, por otro lado, muchos negros se habían resignado a ser segregados y discriminados racialmente como costumbre pragmática. En agosto de 1963 Martin Luther King ya había sido aclamado en varias ciudades estadounidenses durante sus presentaciones. En Los Ángeles había hablado ante 30.000 personas, y en Detroit habían sido 120.000 sus espectadores. Martin Luther King tenía 34 años cuando se hallaba ante el Lincoln Memorial en Washington para pronunciar el discurso más importante de su vida.

Lo genial de este discurso no puede captarse enumerando simplemente sus artificios retóricos. Hay montañas de estudios acerca de él. Es importante saber que, con citas indirectas y juegos de palabras, King hace alusión una y otra vez al famoso discurso de Gettysburg de Abraham Lincoln, y de esta manera a la universalidad de los derechos ciudadanos. Se posiciona con ello inteligentemente como patriota y no como rebelde. Habla a la nación entera y no a sus más ardientes adeptos. Su jugada más importante fue transmitir a los oyentes, es decir a todo el pueblo estadounidense, el sentimiento de estar viviendo un momento histórico; le sugería a la gente la tentadora posibilidad de poder provocar decisiones de calado histórico y, por lo tanto, de poder hacer historia. Solo disponía de ocho minutos. Tras una breve descripción de las lamentables circunstancias —segregación racial, pobreza, discriminación, asistencia sanitaria insuficiente para los negros—, viene la imagen que King tenía prevista como elemento retórico central de su discurso: la imagen del cheque no cobrado. Pero entonces fue más famosa , y estas cosas no se pueden prever, la señal que lanzó con la frase «Tengo un sueño», repetida seis veces:

> En cierto sentido, hemos venido a la capital de nuestro país a cobrar un cheque. Cuando los arquitectos de nuestra república escribieron las magníficas palabras de la Constitución y de la Declaración de Independencia, firmaron un pagaré del que todo estadounidense habría de ser heredero. Este documento era la promesa de que a todos los hombres les serían garantizados los inalienables derechos a la vida, la libertad y la búsqueda de la felicidad.
>
> Es obvio, hoy en día, que Estados Unidos ha incumplido ese pagaré en lo que concierne a sus ciudadanos negros. En lugar de honrar esta sagrada obligación, Estados Unidos ha dado a los negros un cheque sin fondos; un cheque que ha sido devuelto con el sello de «fondos insuficientes». Pero rehusamos creer que el Banco de la

Justicia haya quebrado. Rehusamos creer que
no haya suficientes fondos en las grandes bóve-
das de la oportunidad de este país. Por eso hemos venido a cobrar este cheque.

Para no caer en el patetismo, en este momento
concretiza: «Nunca estaremos satisfechos en tanto nuestros cuerpos, pesados por la fatiga del viaje, no puedan acceder a un alojamiento en los
moteles de las carreteras y los hoteles de las ciudades. No estaremos satisfechos mientras la mo-
vilidad básica del negro sea de un gueto pequeño
a uno más grande. Nunca estaremos satisfechos
mientras a nuestros hijos les sea arrancado su ser
y robada su dignidad con carteles que rezan: "Solamente para blancos"...».
　　Luego viene la legendaria y profética frase, repetida seis veces: «I have a dream», que culmina
con una alusión casi divertida a los atrasados estados de Georgia y Mississippi y un llamamiento a
la fe común: «Tengo el sueño de que un día, en las
coloradas colinas de Georgia, los hijos de los exes-
clavos y los hijos de los expropietarios de esclavos
serán capaces de sentarse juntos a la mesa de la
hermandad. Tengo el sueño de que un día, incluso
el estado de Mississippi, un estado desierto, sofo-
cado por el calor de la injusticia y la opresión, será
transformado en un oasis de libertad y justicia».
　　Las últimas palabras de su discurso son: «Cuando dejemos resonar la libertad, cuando la deje-

mos resonar desde cada pueblo y cada caserío, desde cada estado y cada ciudad, seremos capaces de apresurar la llegada de ese día en que todos los hijos de Dios, hombres negros y hombres blancos, judíos y cristianos, protestantes y católicos, serán capaces de unir sus manos y cantar las palabras de un viejo espiritual negro: "¡Por fin somos libres! ¡Por fin somos libres! Gracias a Dios todopoderoso, ¡por fin somos libres!"».

Tres semanas después de este discurso, una bomba del Ku Klux Klan mató a cuatro chicas negras. Extremistas blancos habían escondido 15 varas de dinamita en una iglesia bautista en Birmingham (Alabama). La bomba explotó durante un servicio divino. Las cuatro chicas: Addie Mae Collins (14), Carol Denise McNair (11), Carole Robertson (14) y Cynthia Wesley (14) murieron en el acto. Sus cuerpos fueron despedazados por la explosión; no se les pudo identificar más que por trozos de la ropa o adornos que llevaban puestos. Otros 20 feligreses resultaron heridos, en parte gravemente, entre ellos varios niños. Cinco años más tarde, Martin Luther King sería asesinado en un atentado en Memphis (Tennessee). Las palabras que lanzó al mundo en Washington no pudieron ser asesinadas. Un año después de su discurso, la segregación racial fue abolida en Estados Unidos. El presidente en funciones era Lyndon B,

Johnson. Apenas medio siglo después de este asesinato, los estadounidenses elegían a su primer
presidente negro.

A continuación, para mostrar el poder de la
palabra, la lista de los 10 discursos más famosos
de la historia universal, dejando aparte los dos ya
mencionados. La elección es por supuesto aleatoria, la sucesión, eso sí, cronológica:

1. El discurso de Moisés al final de la peregrinación hacia Israel: Moisés convoca a su pueblo
   a asumir la alianza con Dios. A él mismo no
   le fue concedido pisar la tierra Prometida,
   tuvo que morir antes. ¿Fue este el castigo por
   haber preferido siempre a la tribu Levi y ser
   rudo y déspota con el resto del pueblo? Con-
   suela ver que hombres tan ilustres («No ha
   vuelto a surgir en Israel profeta semejante a
   Moisés.» Dt 34,10) tampoco gozan de absoluta libertad de palabra.
2. La apología de Sócrates: La provocación que
   supuso el discurso apologético pronunciado
   por Sócrates —acusado de haber corrompi-
   do a la juventud— radicó en haberse vana-
   gloriado de no tener miedo a la muerte. Para
   dejar a sus acusadores con un palmo de narices, fantaseaba sobre las conversaciones que
   iba a tener con los héroes de Homero, si es
   que su alma sobrevivía. Desvergüenza. Fue
   condenado con 280 votos a favor y 221 en

contra. La sentencia no arroja una luz favorable sobre la democracia ateniense (ni en general sobre las decisiones por mayoría).

3. El discurso alentador de Alejandro Magno: Como ya se ha dicho anteriormente, Alejandro Magno fue culpable de genocidio múltiple. De manera que no es apto para ser convertido en héroe. Sin embargo, el discurso con el que, después de la conquista del Imperio Persa en el año 335, impulsó a sus extenuados soldados a seguir avanzando por Asia en dirección a India es legendario. Otorgó a cada uno de sus oficiales expresamente el derecho de dar media vuelta, ...no sin añadir, sin embargo, que a aquellos que siguieran con él les esperaba tanta fama y riqueza que más tarde los que se quedaran apenas podrían soportar la envidia. Todos le siguieron.

4. El primer discurso de Cicerón contra Catilina: El distinguido senador Catilina quiso llevar a cabo en el año 63 a. C. un golpe de Estado contra la República Romana e indujo a dos senadores a asesinar a su poderoso cuñado Cicerón. El atentado fracasó. Cicerón convocó al senado. Sorpresivamente también Catilina compareció. A continuación Cicerón pronunció el discurso que lo hizo famoso como orador. La colocación una tras otra de preguntas retóricas se hizo famosa y ha sido copiada, como recurso estilístico, miles de veces. Cice-

rón comenzó preguntando: «Quo usque tandem abutere, Catilina, patientia nostra?». Es decir: ¿Hasta cuándo, Catilina, abusarás de nuestra paciencia?

5. El sermón de la montaña: El mensaje de Jesucristo, las llamadas bienaventuranzas, es la completa inversión de todas las normas profanas de dignidad, importancia y rango: «Bienaventurados los pobres de espíritu porque de ellos es el reino de los cielos, / bienaventurados los que lloran porque Dios los consolará, / bienaventurados los mansos porque ellos poseerán la tierra, / bienaventurados los que tienen sed y hambre de justicia porque ellos serán saciados, / bienaventurados los misericordiosos porque ellos obtendrán misericordia...». Con ello quedó todo patas arriba.

6. La defensa de Dantón: Tras la ejecución de Luis XVI, el 21 de enero de 1793, se produjeron rebeliones en Vendée y otras regiones. Los revolucionarios reprimieron las sublevaciones. El número de víctimas mortales es motivo de controversia. Los cálculos oscilan entre 100.000 y 250.000. En juicios sumarísimos, encabezados por Dantón y Robespierre, solo en diciembre de 1793 se condena y ejecuta por parte del tribunal revolucionario a más de 3.000 personas. Cuando Dantón, uno de los principales fiscales, es acusado de traición, va a parar al banquillo de los inculpa-

dos. Dantón sabía perfectamente que no tenía posibilidad alguna de salir airoso. Según la lógica de la Revolución, tenía que ser ejecutado. Su discurso fue un ajuste de cuentas con el pensamiento central de la Revolución, la idea de que uno puede perfeccionar el mundo como le plazca: «Cuando fuimos creados se cometió un error, algo faltó, no sé ningún nombre para ese algo...». Creer en una tara humana primigenia era, efectivamente, traición a la ideología de la Revolución.

7. Discurso de capitulación del jefe Seattles: El jefe de los indios Duwamish en el noroeste de Estados Unidos estaba harto de tanta lucha. Antes de firmar un tratado con el gobernador de Washington, que adjudicó a su tribu una reserva, pronunció un discurso legendario que se convirtió en un manifiesto único de la desilusión ante el avance imparable del progreso del «hombre blanco». Legendario en dos sentidos, pues no fue escrito y publicado sino hasta siete años más tarde por un colono que entendía la lengua de los indios Duwamish:

> Hubo un tiempo en el que nuestra gente poblaba todo este territorio, como las olas encrespadas por el viento rolan sobre el fondo del mar tapizado de conchas, pero ese tiempo hace mucho que pasó... No voy a llorar

por nuestro declive ni voy a reprochar a mis hermanos rostro pálido haberla acelerado... ¿por qué iba a llorar por el destino de mi pueblo? Apenas aparecen una lágrima, un espíritu, una canción, y ya estamos mirando hacia atrás con nostalgia. A una tribu la forman individuos y en su totalidad no es más que lo que es cada uno. Los hombres vienen y van como las olas del mar.

8. El discurso «Sangre, sudor y lágrimas» de Churchill: La primera comparecencia de Churchill en la Cámara de los Comunes como nuevo primer ministro, el 13 de mayo de 1940, fue amarga. El recién retirado primer ministro Chamberlain, que pretendía hacer las paces con Hitler, había sido aclamado; su sucesor, el descendiente de aristócratas de la casa Marlborough-Spencer, no inspiraba confianza a los diputados. Holanda, Bélgica y Luxemburgo habían sido atropellados por la Wehrmacht en la «guerra relámpago»; la derrota de Francia se avecinaba. Churchill hizo frente a la hostilidad en la Cámara de los Comunes con sinceridad: «No tengo nada que ofrecer, solo sangre, esfuerzo, lágrimas y sudor. Me preguntáis: ¿cuál es nuestra política? Os lo diré: hacer la guerra por mar, por tierra y por aire, con toda nuestra potencia y con toda la fuerza que Dios nos pueda dar;

hacer la guerra contra una tiranía monstruo-
sa, nunca superada en el oscuro y lamentable
catálogo de crímenes humanos. Esta es nuestra política».

9. El discurso de Gandhi ante el All India Con-
gress Committee en agosto de 1942 en Bombay (hoy Mumbai) fue el preludio de la resistencia pacífica iniciada por él contra los
colonizadores británicos: «He leído mucho
acerca de la Revolución Francesa. Mientras
estuve en la cárcel leí el trabajo de Carlyle.
Tengo una gran admiración por el pueblo
francés, y Pandit Jawarharlal me ha dicho
todo sobre la Revolución Rusa. Creo firmemente que, cuando estas revoluciones se lle-
van a cabo con el poder de las armas, traicio-
nan su ideal democrático. La democracia
que yo concibo, una democracia alcanzada a
través de la no-violencia, conlleva libertad
para todos». Su llamamiento fue seguido por
cientos de miles de indios; las huelgas y las
protestas paralizaron el país. Cinco años más
tarde India consiguió su independencia.

10. El discurso de Ronald Reagan ante la Puerta
de Brandemburgo: Mis hijos, berlineses de
pura cepa, no se pueden imaginar que un día
su ciudad (y media Europa) estuvo dividida
en dos mitades separada por un muro, alam-
bre de espino y torres de vigilancia. Cuando,
en 1987, el presidente Reagan pronunció su

discurso ante las instalaciones divisorias en pleno Berlín «Mr. Gorbachev, tear down this wall!» [¡Señor Gorbachov, derribe este muro!], se burlaron de él. Las élites de ambas partes se habían conformado con la división del mundo —y el cautiverio de millones—, y con sus palabras Reagan rompió este complot. Dos años más tarde, el muro pasó a la historia.

IO

TODO TIENE UN FINAL...

(De por qué ahora ha llegado la hora de la verdad)

> Acerca de los misterios universales se-
> guirá habiendo revelaciones incluso
> para los ángeles más excelsos hasta el
> día del juicio final.
>
> SANTO TOMÁS DE AQUINO

Al final de todo libro de historia mínimamente serio tiene que aparecer la frase: «Todo habría podido suceder de otra manera». En realidad, todo tendría que haber sucedido de otra manera. Durante un tiempo la siguiente especulación gozó de mucha popularidad entre los historiadores: ¿qué habría sucedido si Alemania hubiera estado gobernada no por el raro de Guillermo II en los años decisivos del siglo XX, sino por su padre de espíritu liberal? Federico III, pocos recuerdan aún su nombre, fue un liberal pausado e inteligente, proyectó una monarquía constitucional similar a la de Inglaterra, país de donde provenía

247

su esposa Vicky, la hija preferida de la reina Victoria. Durante toda su vida Federico había esperado el momento de poder asumir la herencia de su anciano padre, Guillermo I y poder reformar Alemania. Cuando en 1888 por fin accedió al trono, el inquieto heredero tenía 55 años. Y padecía cáncer. Falleció 99 días después. La hermosa sepultura de Federico y Vicky se encuentra en el lugar apropiado, la iglesia de la paz de Potsdam. A Federico le sucedió su acomplejado hijo Guillermo II que se dejó llevar hacia la Primera Guerra Mundial por políticos militaristas, industriales y creadores de opinión.

¿Qué habría sucedido pues si el emperador de los 99 días no hubiera sido atrapado por el cáncer? ¿Si hubiera sido él y no Guillermo el que hubiera gobernado tanto tiempo? ¿Alemania habría sido antes una democracia? ¿No se habría producido la Primera Guerra Mundial? ¿Y por tanto tampoco la segunda? Casi divierte la pregunta de qué habría sucedido si el sultán Saladino (de ascendencia curda, dicho sea de paso), el famoso conquistador de Jerusalén, en el siglo XII hubiera aceptado la oferta de Ricardo Corazón de León de casar a su hermano con la hermana del rey inglés para que ambos fundaran un reinado cristiano-musulmán y se hubiera puesto fin a la pesada disputa entre Oriente y Occidente. Otra pregunta: ¿qué habría sucedido si Hitler hubiera muerto de pequeño como todos sus hermanos mayores?

¿Qué, si la vieja guardia del Kremlin hubiera conseguido llevar adelante, poco después de la caída del muro, el golpe de Estado contra Gorbachov? ¿Qué, si al final los persas hubieran vencido a los griegos? ¿Qué, si el emperador de Roma Constantino se hubiera sentido atraído por el maniqueísmo en vez de por el cristianismo y en el año 380 Teodosio hubiera declarado la doctrina de Mani como religión del Imperio Romano? ¿Y qué habría pasado si en las postrimerías de la Edad Media, en la batalla de Tours, los francos no hubieran vencido a los musulmanes que por entonces lo arrollaban todo? ¿Estaríamos todos comiendo *halal* y nuestros aeropuertos se habrían construido al estilo moro? ¿O acaso no habría aeropuertos?

Uno de los grandes malentendidos de la historiografía es que todo tenía que suceder como sucedió. En los siglos III y IV el maniqueísmo era mucho más popular que el cristianismo. La religión filantrópica del babilonio Mani (216-276) se había extendido desde China, pasando por todo Oriente, hasta Britania. Lo genial del maniqueísmo era que se trataba de una religión liberal, mezcla de elementos del cristianismo, orientalismo e incluso budismo. Según su origen, inclinación y necesidad, uno podía configurarse su propia interpretación sin entrar en conflicto con otros. El maniqueísmo no excluía a nadie, en él cabían muchas divergencias personales y era pacífica.

De las transmigraciones de las almas y creencias de reencarnación existentes en Oriente Lejano, Mani adoptó, por ejemplo, la idea de que el hombre se encuentra en estadios cósmicos bien diferentes de salvación. Quien estuviera en el escalón más alto debía rechazar todo lo terrenal (es decir, lo bajo), a este la doctrina le exigía estricta austeridad, es decir, renunciar a la carne, al alcohol, al sexo; en pocas palabras: a todo lo que proporciona placer. Las exigencias a la masa en general eran considerablemente menores. Si bien el maniqueísmo predicaba elevados ideales éticos, estos solo valían para aquellos que se sintieran llamados a cumplirlos. La gente común no se atormentaba con ningún tipo de obligaciones poco realistas. En realidad sorprende bastante que el maniqueísmo no se haya impuesto finalmente, a pesar de su capacidad de adaptación y del éxito que llegó a alcanzar durante un tiempo.

El punto más asombroso de la historia es que, por lo general, sucede aquello que nadie espera. En una ocasión, Chesterton se entretuvo imaginando qué preocupaciones debía tener un alto funcionario de Bizancio hacia el año 750 d. C., en vista de las largas y desmoralizadoras guerras con Persia y los nuevos peligros que representaban godos y escitas, mientras que al mismo tiempo —mucho más allá de su radio de acción— nacía un muchacho llamado Mahoma que echó por tierra todos sus temores. La marcha triunfal del

nuevo islam fue tan apoteósica que durante cuatro siglos apenas podía imaginarse que no llegara
a ser la fuerza que determinara el mundo eternamente. A mediados del siglo XVIII, el rey de Francia, por su parte, se hallaba en el centro de un
imperio al que el mundo entero miraba con envidia y fascinación. Una generación más tarde, todos los que habían tenido que ver con aquello
habían sido decapitados. Sus restos, tirados a fosas comunes. A comienzos de los años treinta del
siglo XX, a un miembro de la alta burguesía de
Viena, Hamburgo o Budapest, cuyo padre y
abuelo habían sido respetables funcionarios del
Estado o profesores, tenía que causarle risa la
idea de que alguien por alguna presunta cuestión
de ascendencia pudiera arrebatarle el honor de
ciudadano. La madre del filósofo Ludwig Wittgenstein, matriarca de una de las tres familias
más ricas y reputadas de Viena, escribió en 1935
personalmente a Göring para preguntarle qué era
esa tontería de las leyes raciales y si acaso los nazis estaban mal de la chaveta. A un presidente de
la policía sajona o a un titular de la cruz de caballero, con abuelo judío, le resultaba sumamente
descabellada la eventualidad de que pudieran detenerlo sin motivo. Tan descabellada, como a un
padre de familia de la jungla de África occidental
que viera aparecer de buenas a primeras a unos
hombres con sombreros de colores y armaduras
de metal, que lo encadenaran, lo hicieran atrave

sar el Atlántico en barco y lo obligaran a recolectar algodón en el otro extremo del mundo...

La historia, como se dice en Broolyn, *hits you
like a bus*, [te arrolla como un autobús] y el autobús viene con seguridad del lado que menos esperas. O como dijo al parecer en una ocasión un es-
tadista español: «Los tiempos inciertos son los
más seguros, pues nos aleccionan a qué atenernos
frente al mundo». Como ya hemos comprobado,
ni siquiera está dicho que nos hayamos dado
cuenta de que hemos sido arrollados por un autobús. Las revoluciones más potentes suceden im-
perceptiblemente. Podríamos estar viviendo, en
este preciso momento, uno de los cambios más
importantes de la historia universal y estar en Ba-
bia. En cien años se dirá entonces: «A partir del
cambio de siglo empezó a vislumbrarse algo
que...». Pero mientras ese «algo» se vislumbraba,
nosotros nos encontrábamos en la terraza de un
bar, gozando de los rayos del sol de otoño y revi-
sando nuestros correos electrónicos. El tema familia, por ejemplo, o la pertenencia a un Estado:
hace quinientos años solo los enfermos mentales
o los monjes carecían de parientes; hace quinientos años, si uno vivía solo, todavía era un bicho
raro y despertaba desconfianza. Hoy en día, un
tercio de los habitantes de las grandes ciudades
son solteros. En la actualidad, al menos en Europa central, el Estado se encarga de garantizar el
servicio de salud universal a los ciudadanos y les

proporciona una red de seguridad que antes solo se tenía en el seno de la familia de la cual se dependía. ¿Y los Estados? La última vez que dieron qué hablar a lo grande, su último pulso como actores importantes de la historia fue durante la guerra fría. En el mundo moderno su importancia ha disminuido considerablemente si es que de facto existe todavía. ¿O acaso es Facebook la forma previa del Estado universal ansiado por muchos, como dice el autor Peter Glaser?* Las fronteras, en cualquier caso, han resultado ser algo abstracto. Quizá en cien años, cuando echemos una mirada retrospectiva, veremos la disolución de los Estados o de las familias como una de las grandes revoluciones de la humanidad. Por otra parte, solamente el hecho de que algo se pueda pronosticar es señal de cierta probabilidad y con ello, de forma paradójica, de que justamente por eso no sucederá.

Para intuir riesgos del futuro quizá haya que mirar precisamente hacia el ámbito en el que más seguros nos sentimos: el de la dictadura. Ante ella somos inmunes. Desde hace tiempo somos demasiado demócratas para incurrir en ella. Eso dicen. Pero ¿y si la tiranía es voluntaria, si nos dejamos vigilar, por ejemplo, por Google o Facebook? ¿Y si la tiranía es democrática?

---

* Peter Glaser, «Der blaue Planet», *Süddeutsche Zeitung*, núm. 24 (2016).

Así como es imaginable que una sociedad abierta se reduzca a sí misma al absurdo porque de tanta liberalidad ya no es capaz de frenar a sus enemigos internos, también es posible otro escenario: que en algún momento la democracia decida defenderse seriamente y marginar a todo aquel que no comparta el consenso democrático. Todos los odiadores, todos los troles y los ciudadanos rabiosos, todos los homófobos y fanáticos quedarían entonces excluidos. Por fin no habría intrusos entre los bienintencionados, por fin reinaría el consenso. El problema únicamente es que eso no se correspondería con nuestros valores. Una sociedad que quiere a toda costa el consenso sería profundamente antieuropea. Parte integrante de nuestro ADN son la fricción y la constante inquietud intelectual. A menudo se confunde liberalismo con pluralismo. Sin embargo, el pluralismo se diferencia del liberalismo en sentido estricto en un aspecto crucial: implica la evidencia de que no existen afirmaciones de validez definitiva con respecto a cuestiones morales y políticas. Una sociedad plural tiene que soportar que dichas afirmaciones no sean en parte compatibles. Eso obliga entonces a ser tolerantes, incluso con los enemigos del consenso liberal, aun cuando resulte difícil. En concreto: tenemos que exigir a los emigrantes musulmanes conservadores e incluso radicales que respeten nuestras leyes, pero no podemos exigirles que renuncien a su fe. Lo mismo vale no solo para los musulmanes, sino también para aquellos que, empujados por miedos difusos y resentimientos, marchan en las filas de Pegida o para los fundamentalistas cristianos. No debemos echar a esa gente fuera de nuestra sociedad, ni siquiera con guante de seda.

Ya hace docientos años Alexis de Tocqueville describió en su valoración de la joven nación de Estados Unidos de América cómo la exclusión funciona también de forma no formal, como un acuerdo tácito de considerar imbéciles a los que piensan diferente. Y demostró lo poco democrático que es esto en el fondo. En Estados Unidos se contaba el siguiente chiste sobre el mito fundacional: ¿por qué los presbiterianos huyeron de Inglaterra hacia Estados Unidos? Para poder vivir libremente sus creencias y obligar a otros a hacer lo mismo... Si calificamos de idiotas, es decir, marginados en sentido estricto, a determinada gente solo porque no comparta el proyecto de vida libertario-hedonista, estamos comportándonos de una forma profundamente antiliberal, pues esto conduce indefectiblemente al liberalismo doctrinario y este se invalida a sí mismo. Si uno quiere defender la libertad, lo mejor que puede hacer es comenzar por defender la libertad de aquella gente que más nos crispa los nervios. Bien mirado, el liberalismo no tiene otra posibilidad de granjearse simpatías que por el mero atractivo de la forma de vida que propugna. Deja de ser liberalismo si, como las otras ideologías, comienza a hacerse notar recurriendo a la reeducación o a igualar a sus enemigos con pretensiones de validez única.

Tras todos estos pensamientos acerca de ideologías correctas o incorrectas, tras todas esas especulaciones de cómo habría tenido que transcurrir la historia en caso de que esto o aquello hubiera sucedido, tras todas estas visiones de futuro, tras todos los esfuerzos de conseguir un mundo más soportable, está, dicho sea de paso, la suposición, de la cual he partido en todo lo anteriormente expuesto de que la historia tiene un sentido y un propósito, es decir, la historia se puede explicar. Pero ¿de veras es así? ¿Se puede explicar la historia? ¿Por ejemplo en un libro como este? ¿Y luego ponerle a todo, como quien dice, el colofón en el último capítulo? ¿Incluso hasta sea posible tal vez resumir lo esencial de la historia universal en una fórmula? Podríamos unirnos, por ejemplo, a Karl Jaspers cuando dice: «Nuestra nueva situación desde el punto de vista histórico es la unión real de la humanidad». En ninguna parte puede suceder algo esencial que no incumba a todos. Yuval Harari dice lo mismo. Hace tres mil años había un millón de pequeñas culturas desperdigadas por el mundo. Según Harari, nuestra historia en una cáscara de nuez es la evolución de microculturas completamente aisladas entre ellas que desemboca en un mundo globalizado completamente interconectado. Primero fue América la que se convirtió en Europa, luego África, luego el mundo entero. Cada aeropuerto, cada hotel, cada zona comercial tiene idéntico aspecto. Hoy en día no queda un solo rincón en el mundo que no esté tocado por la realidad común globalizada. Podemos leer la historia como europeización de todos los rincones de la tierra, como un gigantesco proceso global civilizatorio.

Pero ¿qué pasa con los rincones que quedan fuera? ¿Con Palmira, por ejemplo? Primero uno de los lugares más ricos y cultos del mundo, después prácticamente arrasado por los bárbaros. ¿Y qué decir de Damasco? En la Edad Media tardía Damasco era el centro del mundo de la filosofía. ¿Y hoy? Olvidamos con gusto que el mundo era en parte más globalizado y multicultural que hoy en día. Hubo una época en que el emperador romano podía provenir tanto de la clase alta urbana como ser africano o un antiguo «bárbaro de los Balcanes» romanizado. En nuestra época predicamos mucho la multiculturalidad, pero olvidamos que antes de nosotros hubo culturas que en parte fueron mucho más heterogéneas, variadas, de lo que fuimos nosotros. Parece ser que algo no cuadra del todo en esto de que somos una sociedad global en camino de convertirse en una gran familia universal. Resulta muy tentador dotar a la historia de un hilo conductor, por ejemplo, el de la globalización. Por lo general, incluso hay algo de verdad en ello. Solo que hay que tener en mente que al fin y al cabo se trata de un mero intento valiente, pero también desesperado, de poner orden en algo que en última instancia no podemos llegar a comprender del todo. ¿Qué tipo de historia sería una en la que todo se pudiera explicar, donde no quedasen preguntas por responder? Mientras seamos conscientes de las limitaciones de nuestra mirada, es absolutamente lícito interpretar la historia en base a regularidades, obedeciendo al sentido del orden humano.

Una interpretación atractiva de la historia, de manera que esta se pudiera contener en una cáscara de nuez, es decir, concisa y breve, es, por ejemplo, la del famoso economista estadounidense Peter L. Bernstein. Dice que la historia del hombre se puede leer como una especie de acto de rendición de las amenazas que nos acechan. En la primera fase de la humanidad, el hombre estaba, según él, expuesto a poderes oscuros. Tuvimos que emplear todas nuestras fuerzas en permanecer con vida. Llevábamos una vida peligrosa, pero rica en impresiones. Luego aprendimos a ser previsores, a sopesar y a calcular nuestros riesgos. Continúa diciendo que la vida moderna comenzó cuando empezamos a medir el riesgo. Las leyes de las matemáticas y de la estadística, dice, nos permitieron descifrar el mundo. Hoy en día abrimos la nevera para acceder a la comida, vivimos en espacios climatizados, constreñidos por las obligaciones; la aventura solo existe de forma virtual. En la vida los riesgos están minimizados. El cambio revolucionario, según él, llegó con Blaise Pascal y su descubrimiento de la teoría de la probabilidad a mediados del siglo XVII. Todo nuestro comercio, nuestro sistema bancario, de seguros, de sanidad y de pensiones se basa en ella. Desde el siglo XVII, hemos conseguido una sofisticación tal de la gestión del riesgo que nos creemos seguros en un mundo antiguamente dominado por enemigos y catástrofes. La teoría tiene su encanto. La mayoría de nuestros antepasados no podían dormir tranquilos en la noche; hace tan solo dos generaciones en Europa había una guerra casi cada treinta años. Hoy en día nos quejamos si el tren va con unos minutos de retraso o si tenemos poco espacio para estirar las piernas en el avión. Tanto más grande es nuestro *shock* cuando nos arrancan de nuestros problemas de lujo y nos enfrentamos a catástrofes o actos terroristas. Entonces intentamos encontrar rápidamente soluciones sencillas que a veces hasta ayudan; con lo cual la ilusión de que controlamos el mundo, a su vez, se agudiza. El deseo de no ser molestados por la historia está tan generalizado como la creencia de que tenemos derecho a llevar una vida en circunstancias estables. El hecho sigue siendo que esto es ilusorio.

Todos los intentos de interpretar el mundo

tienen un común denominador: le dan sentido. En el momento en que contamos la historia, le estamos dando un sentido porque la miramos como seres humanos. Podemos negarnos a contar la historia desde el punto de vista antropocéntrico y prescindir completamente del hombre (o verlo como el aguafiestas), pero entonces todo se convierte en historia y a todo le damos la misma importancia: todo lo que ha sucedido, incluso la caída de una piedra y cada gota de lluvia. Con lo cual la historia resulta incontable y absurda. Así habríamos llegado por fin a lo que aspira toda historiografía. El término técnico es *filosofía de la historia*. Para todo aquel que tenga auténtico interés en la historia, esta es la única disciplina verdaderamente interesante. Al fin y al cabo es absolutamente secundario cómo y qué sucedió exactamente; lo decisivo es única y exclusivamente: ¿adónde conduce todo esto? En último término se trata de una cuestión teológica. Y está bien así, pues la pregunta acerca del fin último no puede faltar en un proyecto de historia universal por muy somero que sea. ¿Somos pues parte de una historia que se puede contar y comprender correlativamente, al menos desde una mirada retrospectiva? ¿Una historia que tiene un comienzo y un final? ¿Acaso la historia es en su esencia finita? ¿Tiene una meta? Nadie que se interese por la historia puede dejar correr la pregunta del objetivo y el fin de la misma.

Josef Pieper, el gran profesor de antropología filosófica de Münster, decía que todo el que emplee las palabras «ya» y «aún» («Ya los griegos...», «Los mayores sabían aún...») está presuponiendo una evolución histórica, una dirección, y con ello que la historia va hacia alguna parte, hacia un estado determinado, sea de perfección o de desastre, que en cualquier caso habrá una especie de estado final. Los griegos tenían aún otra forma de pensar. Un Aristóteles aún podía ser de la opinión de que la historia era un ciclo similar a la naturaleza que se repite una y otra vez. También en la cultura india existe esa idea de la periodicidad, pero el transcurso del tiempo, tal y como lo concebimos nosotros, les es ajeno. Los egipcios no conocían el concepto de pasado y futuro, negaban por completo la transitoriedad, lo cual se evidencia de la mejor manera en sus momias y en sus historias del más allá. La idea de una evolución histórica, la idea de que todo tiene un principio y un final, de que todo tiene un rumbo, es profundamente judía y con ello profundamente cristiana, con lo cual también profundamente europea.

Los escenarios apocalípticos y las especulaciones sobre el propósito de la historia son desde la antigüedad tardía y la Edad Media elementos constitutivos de la tradición europea desde san Agustín hasta Karl Marx, pasando por santo Tomás de Aquino. Es inherente a nosotros. Nuestras lenguas ya lo implican, el término latino, *fi-*

nis, el francés, *fin*, el italiano, *fine*, el inglés, *finish*, —y en efecto en menor medida la palabra alemana *Ende*— significan al mismo tiempo «propósito». En nuestro pensamiento no puede haber un final que no sea al mismo tiempo propósito. Pero también es interesante que lo que existe más allá de la línea de llegada escapa a nuestra imaginación. Si bien podemos hablar de «fin de la historia», no logramos entender lo que esto significa. Tampoco podemos imaginar en términos absolutos el final o lo que ha de venir tras él. Porque tampoco podemos imaginar la nada. Para ello nos falta la facultad intelectual. Lo que el ser humano puede imaginar es la destrucción. Pero también lo destruido deja atrás un rastro pulverizado. Por la fuerza propia del hombre, la completa *annihilatio*, la reconducción de la existencia a la nada, como la denomina Josef Pieper, no es realizable ni concebible. Pues no sería otra cosa que deshacer el acto creativo y eso implica la existencia del mismo. La creencia en el final de la historia, en la existencia de la nada, equivale entonces a la fe en Dios porque la discrepancia entre la existencia y la nada presupone un acto de creación. Este es un motivo por el cual a muchos físicos no les resulta fácil excluir que existe un poder superior inteligente. Todo físico sabe que no solo la tierra y el sol, sino el universo en su totalidad, son finitos. Podemos calcular con precisión que dentro de cinco mil millones de años el sol habrá crecido tanto que quemará toda vida en la tierra. Dentro de otros cinco mil millones de años, el sol se reducirá y enfriará de modo que tendrá un final tan calculado como el universo mismo. Solo acerca del cómo hay aún divergencia de opiniones. Entre las teorías más comunes están la denominada «Big Freeze» [Gran Congelación], según la cual el universo llegará a expandirse tanto que alcanzará una temperatura en torno al cero absoluto y se congelará; la del «Big Rip» [Gran Desgarramiento], similar a una gran explosión final, y la del «Big Crunch» [Gran Colapso], según la cual el universo se desploma en sí mismo.

¿Tienen sentido las elucubraciones sobre el fin de la historia, como diría Angela Merkel?¿Qué podría decirse que tenga sentido sobre el final? No disponemos de valores comparativos en los cuales poder apoyarnos. La historiografía medieval occidental, desde san Agustín hasta Nostradamus, pasando por Anselmo de Havelberg y Otto von Freising, vislumbraba antes del final, antes del apocalipsis, una especie de lucha final. Tras el apocalipsis, según la interpretación cristiana, llega el nacimiento, el reino de Dios, que está pensado como una especie de desagravio, como sanación, en la cual las víctimas del poder terrenal son rehabilitadas. «Quitó de los tronos a los poderosos y exaltó a los humildes. A los hambrientos colmó de bienes y despidió a los ricos con las manos vacías...» (Lucas 1, 52-53).* La idea de una meta y de conclusión de la historia fue para Europa la mayor parte del tiempo algo sencillamente sobreentendido. El pensamiento apocalíptico fue el legado del cristianismo a la Ilustración a través del Renacimiento. Sustituyó la creencia en un Dios que tiene un plan para el mundo, por la creencia en un progreso continuado del hombre gracias al dominio creciente de la razón.

Uno de los libros de mayor éxito en la segunda mitad del siglo XVIII fue la obra *Über die Geschichte der Menschheit* [Sobre la historia de la humanidad] del suizo Isaak Iselin. Su tesis central dice: «La edad de oro no está pasada, ¡está por pasar!». Schiller la revestiría más tarde de palabras altisonantes en su «Oda a la alegría»: «Y todos los hombres serán hermanos», y así sucesivamente. Este pensamiento de un «progreso infinito de nuestro género», el sueño de Kant de un reino de «verdadera cultura» y de una «paz eterna», hasta la Carta del Atlántico, con la que Roosevelt y Churchill pusieron sobre el papel los fundamentos comunes de su principios políticos («... que garantice a todos los hombres de todos los países una existencia libre sin miedo ni pobreza...») son parte del patrimonio occidental. La fe optimista en el

---

* ¿Cuándo? Ya los contemporáneos de Jesús vivían en constante «expectativa». Según alguna interpretación cristiana, hace tiempo que nos encontramos en pleno apocalipsis.

futuro propia de la Ilustración se basa como quien dice en la teología cristiano-occidental de las cosas últimas. También la visión de la meta final del manifiesto comunista no es, a fin de cuentas, otra cosa que una versión secularizada de *La ciudad de Dios* de santo Tomás de Aquino.

Según el pensamiento cristiano, el estado semiparadisíaco en la tierra es un engaño del anticristo; su dominio, una antesala de la terrible lucha final. Según la narrativa cristiana, al final de los tiempos los defensores de la libertad y la dignidad humanas serán una minoría oprimida.

¿Acaso estos escenarios del final de los tiempos son supersticiones tontas? ¿Es acaso solo una cuestión de tiempo hasta que el ser humano haya despejado todos los enigmas? ¿Existe una solución técnica para todos los problemas? ¿Qué pasa si las llamadas ciencias de la vida llegan a escudriñar hasta el último secreto? ¿Quedará entonces definitivamente desenmascarado y tildado de superstición todo lo que un día se consideró fe? Por otra parte, ¿qué sabemos nosotros? Hasta hace cinco minutos no teníamos ni la menor idea de que el espacio se curvaba y se ondulaba. Quizá haya universos paralelos en los que sean válidas otras reglas diferentes a las que rigen en el nuestro. Quizá descubramos algún día que en sentido estrictamente científico no existe ni siquiera el yo. Y que todos no somos más que partículas elementales que pululan en el espacio, que oscilan constantemente entre el ser y el no ser. Los adeptos de la llamada «hipótesis Gaia» afirman desde hace tiempo que el yo individual está sobreestimado y que no somos más que células de un gigantesco organismo llamado tierra. Y ¿acaso no cabe preguntar, si nuestra existencia, como individuos o como colectividad, no es, en cualquier caso, anodina comparada con la vastedad de los posibles universos? Es posible. Pero eso querría decir en sus últimas consecuencias que también la guerra nuclear es relativamente anodina. Y la tortura. Y el hambre. Y el amor.

Hay un pasaje hermoso en las memorias de juventud de una amiga mía, llamada Esther Maria Magnis,* donde describe cómo en una cena en casa de sus padres queda sentada junto a un hombre que discurre doctamente y con propiedad acerca de la insignificancia del ser humano a la luz de la ciencia. «Junto a él estaba sentada su esposa. Y esta sonreía sintiéndose incluso orgullosa y achispada, sin comprender lo que acababa de decirse allí. Mi corazón empezó a palpitar desbocadamente. Y haciendo de tripas corazón solté: "Dígame, ¿acaso quiere usted a su esposa?". El tintineo de los tenedores sobre los platos cesó de repente. El hombre miró brevemente a su mujer y luego todos rieron, entonces yo dije: "No le

---

* Esther Maria Magnis, *Gott braucht dich nicht* [Dios no te necesita], Reinbek, Rowohlt, 2012.

creo. No lo puede probar. Solo puede decir que ella tiene un olor que lo atrae, que su fidelidad hacia ella es una convención social o que responde al beneficio propio porque necesita el calor del nido y ella cría a sus hijos. Yo estaría muy triste si fuera su mujer".» Esther tuvo problemas con sus padres debido a su intervención. Aunque naturalmente tenía razón.

Sin la esperanza de que nuestra existencia no carece de sentido, de que el amor es más que una mera reacción química en el cerebro, de que existe el bien, el mal, de que el ser humano no es un simple accidente biológico, de que la historia de la humanidad tiene un objetivo, de que nosotros somos parte de algo que de alguna manera tiene un sentido, no podríamos existir. A no ser que seamos unos monstruos como Macbeth, a quien Shakespeare hace decir poco antes de su muerte: «Life's but a walking shadow / a poor player / That struts and frets his hour upon the stage / And then is heard no more / It is a tale / Told by an idiot / full of sound and fury / Signifying nothing». [La vida es una sombra que camina, un mal actor que en escena se arrebata y contonea y después no se le oye: es un cuento que cuenta un idiota, lleno de ruido y furia, que no significa nada.] En otras palabras: la vida es un cuento contado por un necio, así que haz lo que quieras, a nadie le importa una mierda. Esto no puede ser suficiente para un ser pensante. Si, en cambio, uno mira durante el

tiempo suficiente en el interior de sí mismo —Sócrates sostenía que en cada uno de nosotros radica el conocimiento supremo, lo único que hay que
hacer es perseverar en su búsqueda—, no es des-
acertado pensar que existe algo así como el bien y
el mal. También me parece evidente el hecho de
que el ser humano encuentra la bondad, sin tener
que inventarla. Es tan intuitivamente obvio como
la superioridad de la bondad sobre la maldad.
Sencillamente es así que la fidelidad es más estupenda que la traición, ayudar más correcto que
matar. Si uno lo asume así, se hace patente que la
libertad es un gran regalo, pero también un gran
peso. Quizá sea la libertad de elegir entre lo bueno y lo malo lo que hace del hombre un ser humano. Entonces lo malo, también lo malo en la historia, es el precio que pagamos por nuestra
libertad. Quien crea en la diferencia entre el bien
y el mal cree que el mundo tiene sentido. Tiene fe.
Y el que tiene fe puede tener esperanza. Quien tiene esperanza puede decir sí al mundo y hacerlo
aceptando sus imperfecciones, porque son solo
estas las que nos colocan ante la disyuntiva entre
el bien y el mal, y nos confrontan con nuestra libertad. Esto también quiere decir aceptar la realidad, el sufrimiento en el mundo como algo que
nos viene dado y, así y todo, intentar corregirla
una y otra vez, siempre de nuevo, pero sabiendo,
en todo momento, que se trata solo de medidas
provisionales.

Quizá nuestra historia se pueda resumir incluso en una única frase. San Agustín, uno de los pensadores más importantes del mundo occidental, lo intentó. A él queremos dejarle aquí la última palabra. Procedía, dicho sea de paso, del norte de África; hoy en día probablemente tendría problemas para entrar legalmente en Europa. Lo dicho, el mundo ya fue en su día más internacional que ahora... Con todo, san Agustín ve la historia universal como lucha entre dos formas de amor: el amor hacia sí mismo que en caso extremo conduce a la destrucción del mundo, y el amor hacia los otros que en caso extremo conduce a una renuncia de sí mismo. Según esto, todo progreso humano es consecuencia de este amor primigenio del hombre hacia sí mismo y al mismo tiempo síntoma del final. Para darse cuenta de ello, no hay que ser siquiera creyente como san Agustín. Es suficiente contemplar el efecto que ha tenido el hombre sobre la tierra.

EPÍLOGO
Y OTRAS HIERBAS

(Los errores más pertinaces de la historia universal)

> Describir con precisión lo que no suce-
> dió nunca es no solamente tarea del his-
> toriador, sino también un privilegio ina-
> lienable para cualquier hombre culto...
>
> OSCAR WILDE

El libro toca a su fin. ¿Será que usted es ahora más sabio? Claro que no. Pero este no es un motivo para preocuparse. Cuanto más sabemos más claro resulta lo poco que en realidad sabemos. Es normal. Eso radica en la naturaleza de las cosas. Tras cada puerta que abrimos, topamos con otras tres. Fue un caballero de Weimar quien expresó con hermosas palabras y de forma muy certera la desesperación que implica este dilema en el monólogo que da comienzo a Fausto:

¡Ah! Filosofía, jurisprudencia, medicina y hasta teología, todo lo he profundizado con entusias-

mo creciente, y ¡heme aquí, pobre loco, tan sabio
como antes! Es verdad que me llaman maestro y
doctor, y desde hace diez años que aquí, allá y en
todas partes cuento con innumerables discípulos
que puedo dirigir a mi capricho; y nada logramos saber. Esto es lo que me hiere el alma.

Si uno es muy cientificista y muy alemán (es decir, reúne en sí mismo los dos atributos que representa Fausto), puede que el carácter limitado
del saber le hiera el alma. El resto de nosotros se
conforma con el hecho de que, en cualquier caso,
todo saber no es más que un parche. Como redactor de un diario alemán importante, trabajo
en un ámbito que cuando estoy entre amigos, y
aquí lo estoy, denomino cariñosamente la industria de la información-ilusión. Un periódico,
como este libro, le transmite a uno la agradable
sensación de recibir conocimientos importantes
servidos de manera abarcable. Resulta sorprendente que cada día suceda siempre exactamente
tanto como cabe en un rotativo... Cuando uno ha
terminado de leer un diario, cuando uno cierra
un libro y lo aparta, puede sentirse informado.
Esto resulta algo muy satisfactorio en una época
en la que corremos el riesgo de ahogarnos en la
marea informativa, pero siempre persiste la sospecha de que con nuestro saber apenas logramos
arañar la superficie. Los enciclopedistas de la
Ilustración aún podían estar convencidos de po-

der retener todo el saber de la civilización en 71.818 artículos comprendidos en 18.000 páginas de libro. Del escritor victoriano Thomas Carlyle se decía que había leído todos los libros de su tiempo. ¿Quién podría afirmar hoy en día algo similar acerca de sí mismo? Probablemente, por minuto, se ponen en línea más informaciones de las que se han consignado en diez mil años de historia de la escritura. La cantidad de informaciones disponibles crece hacia el infinito. Hoy en día decir a alguien: «¡Qué bien informado estás!» es como decirle a alguien que emerge del océano: «¡Vaya, qué mojado estás!». Aparte de Goethe, el que mejor lo ha formulado ha sido Donald Rumsfeld, el antiguo ministro de defensa de Estados Unidos cuando fue interpelado acerca de la imponderabilidad de una posible tercera guerra del Golfo: «Hay certezas conocidas, hay cosas de las cuales sabemos que las sabemos. Sabemos también que hay incertezas conocidas, es decir, sabemos que hay algunas cosas que no sabemos. Pero también hay certezas desconocidas, hay cosas de las que no sabemos siquiera que no las sabemos». En la lengua original suena aún más poético: «There are known knowns; there are things we know we know. We also know there are known unknowns; that is to say we know there are some things we do not know. But there are also unknown unknowns —there are things we do not know we don't know».

Tenemos entonces que conformarnos con el carácter limitado de nuestro saber. Afortunadamente existen también las cosas que para nosotros forman parte del conocimiento general. El minúsculo problema es que también estas cosas, vistas bajo la luz, son a menudo solemnes disparates. O, en el mejor de los casos, verdades a medias. El Everest es la montaña más alta del mundo. Hitler era vegetariano. La bebida preferida de James Bond es martini seco. Nada de eso es correcto, por desgracia. El Mauna Kea en Hawái es más alto contando la parte que tiene bajo el mar. Hitler era un amante de las salchichas, pero por razones de salud tenía que renunciar de vez en cuando a la carne. En las novelas de Ian Flemming, Bond bebe en 101 ocasiones scotch y, solo en 19, martini seco.

El constante runrún de la industria de la información se convierte cada vez más en un lastre porque, si bien es cierto que tenemos acceso a un sinfín de datos y enormes cantidades de información, las fuentes son cada vez menos transparentes. En las redes sociales se «comparten» cosas, de las cuales ya nadie puede decir de dónde provienen. Hubo una época en la que en todo hogar de personas más o menos cultas había una enciclopedia. Hoy en día está «la red». Para cualquier ámbito temático, se encuentran en ella en igualdad de derechos, estudios de la Universidad de Oxford junto a las más fantásticas y toscas teorías conspirativas. Si uno profundiza durante un tiempo suficientemente largo, la reina de Inglaterra de repente ya no es solo la jefe de Estado de un conjunto de 16 estados sino, según la teoría que se elija, una agente del Mosad, una extraterrestre o un reptil en forma de persona, y el Holocausto de los nazis, una invención.

Con todo y el lamento justificado sobre la avalancha de información que nos inunda actualmente, quizá este es un buen momento para hacer una aclaración: no se trata de un fenómeno de nuestra era de la información digital. Desde siempre hemos sabido demasiado y al mismo tiempo demasiado poco. Esto es parte, quizá el punto de partida, del dilema humano. ¿Cómo se llamaba el árbol del cual comieron Adán y Eva?* Sin el afán de querer saber más, sin las ansias de querer investigar nuestra realidad y hacer con ello más productiva nuestra vida, seguiríamos cual criaturas inocentes en el paraíso, aunque seguramente apenas nos distinguiríamos de nuestros vecinos que vivirían allí en los árboles. La búsqueda del conocimiento es el impulso humano por excelencia y al mismo tiempo la fuente de toda desgracia. Porque nunca estamos contentos con lo que tenemos y sabemos.

Lo más inteligente que podemos hacer es, por tanto, aceptar nuestras lagunas. Para eso se nece-

---

* ¡Míralo en Google! Se llamaba «árbol de la sabiduría».

sita a veces valentía. Todos conocemos la siguiente situación: en compañía de gente que consideramos más *cool*, más inteligente o más culta, e independientemente de que seamos escolares de primaria, doctorandos en Cambridge o participantes del congreso de un consorcio de seguros, el deseo de pertenencia al grupo, de volar con la bandada, de no ser excluidos, lo tenemos todos. En el colegio te preguntan: «¿Viste anoche el nuevo episodio de los Simpson?». Luego: «¿Conoces el nuevo libro de Mo Yan?». «Claro que sí», respondemos, aunque no tengamos ni la menor idea de lo que está diciendo el interlocutor, asentimos con la cabeza haciendo ver que sabemos mucho y nos aferramos compulsivamente a la copa de prosecco que sostenemos. ¿Ha oído hablar del libro *Growing Young* del gran antropólogo Ashley Montagu? (¿Lo ve? Hago lo mismo con usted. Naturalmente que no conoce el libro.) Montagu vivió hasta su muerte en 1999 en Princeton, en la universidad de Albert Einstein. Fue un importante antropólogo y pedagogo, conocido sobre todo por sus publicaciones sobre la psicología infantil evolutiva. Una de sus tesis era que las ansias de saber son uno de los instintos fundamentales del ser humano vinculado estrechamente a nuestro instinto de conservación. Ya en la edad lactante dependemos de la búsqueda de información a través del contacto visual, de explorar visualmente a las personas que ejercen de referentes maternos para nosotros, con el fin de saciar nuestras necesidades. Esta sed de información no cesa nunca, según Montagu, y es la fuerza motriz que encierra todas esas preguntas infantiles del tipo: «Papá, ¿por qué...? Mamá, ¿por qué...?». Pero, según Montagu, en algún momento dejamos de preguntar con naturalidad; la culpa es de nuestra cultura occidental que enaltece el saber dominante y avergüenza a todo el que sabe menos. Todo nuestro sistema de educación escolar, asegura el sabio de Princeton, está encaminado a poner en evidencia al que no sabe y a recompensar el (supuesto) saber.

¿Qué podemos aprender de esto? Podemos aprender a cuestionar el saber tradicional. Para agudizar los sentidos, a continuación diversas historias que a menudo y de forma consecuente se difunden erróneamente, porque en un momento dado alguien no aprovechó la ocasión para confesar que era una tontería lo que estaba relatando. Algunas de ellas se deben a malentendidos, otras son producto de la propaganda política, como el cuento del genial planificador de la infraestructura vial que se supone que fue Adolf Hitler, inventor de la autopista, o la idea de la tenebrosa Edad Media, cuyos habitantes eran tan tontos que creían que la tierra era un disco. Tendríamos entonces que entrenarnos en la tarea de cuestionar el saber. Empiezo aquí con una selección aleatoria de equivocaciones generalizadas.

¿A QUIÉN DEBE ALEMANIA SUS AUTOPISTAS?

A Konrad Adenauer. Y no a Hitler. En la época del nacionalsocialismo se intensificó la construcción de autopistas y esta intensificación fue explotada de forma propagandística por los gobernantes. Ya en los años veinte del siglo XX, hubo algunos planes de construcción de autopistas. La primera (hoy la A 555) entre Colonia y Bonn fue impulsada por el entonces primer alcalde de la ciudad de Colonia, Konrad Adenauer, quien la inauguró el 6 de agosto de 1932. Toda una hazaña: una vía de cuatro carriles, recta y sin cruces.

¿LOS MUSULMANES DESTRUYERON LA BIBLIOTECA DE ALEJANDRÍA?

No. Cuando estos llegaron allí, hacía tiempo que la biblioteca no estaba operativa. Un mito viejísimo dice que los ejércitos del califa Omar destruyeron la biblioteca más famosa del mundo cuando conquistaron la ciudad en el año 641. Alejandría pertenecía entonces al Imperio Bizantino y aún estaba marcada por la influencia helénica de los tiempos de su fundación por cuenta de Alejandro Magno (331 a. C.). En aquella época, Alejandría todavía era un centro mundial del espíritu, pero para entonces la biblioteca ya había sido desmantelada y su importancia había ido disminuyendo

cada vez más desde que los romanos la conquistaron (30 a. C.). Pero, como suele suceder, en las
anécdotas recurrentes hay un atisbo de verdad: la
biblioteca más importante de la antigüedad tardía
no era la de Alejandría sino la de Cesárea en la
Palestina actual. La biblioteca de Cesárea fue, en
efecto, destruida hacia el año 700 d. C. por conquistadores musulmanes, y es verdad que con ella
se perdió una gran parte del tesoro intelectual del
cristianismo primitivo y valiosos manuscritos de
filósofos griegos.

En la leyenda de la destrucción de la biblioteca, a menudo difundida, hay pues un punto de
verdad. Cosa que no sucede con el rumor de que
los musulmanes islamizaron a la fuerza los territorios conquistados en el primer milenio. Por
motivos absolutamente pragmáticos, la supremacía no interesaba a los musulmanes, pues los califas recaudaban impuestos mucho más elevados
de quienes no eran musulmanes. En el norte de
África, que era parte del núcleo territorial cristiano en la época de aquella conquista, tuvieron que
pasar varios siglos hasta que aproximadamente
la mitad de la población fue musulmana.

¿ERA GEORGE W. BUSH UN VAQUERO DE TEXAS?

Nadie cuidaba con tanto esmero la imagen de
George W. Bush como él mismo. Su táctica en la

campaña electoral de 2000 contra Al Gore consistió en presentar a su contrincante como un impertinente de la Costa Este, y a sí mismo como un texano con los pies en la tierra que los electores podían imaginar al volante de un camión de mercancías e identificarse con él. Esta imagen no tiene nada que ver con la realidad. El 43 presidente de Estados Unidos nació en la elitista ciudad de New Haven, en el estado de Connecticut. Su padre había sido senador en la localidad. Su trayectoria académica —primero la escuela de élite Andover en Boston, después Yale y Harvard— no contribuía precisamente a su credibilidad como paleto. Por muy firme que fuera su estilo de mando en tiempos de crisis, al final de su mandato presidencial la imagen fabricada por él mismo se volvió en su contra cuando de repente dio la impresión de torpeza ante el panorama del huracán de 2005 y de adoptar poses de victoria prematura durante la guerra de Irak.

Obama, como sucesor, supuso para muchos la salvación. También por frases como esta: «El islam es paz... Si pensamos en el islam, pensamos en una religión que da consuelo a mil millones de personas en el mundo... y que ha hermanado a todas las razas... Millones de musulmanes son ciudadanos americanos... Los musulmanes son médicos, abogados, profesores de leyes, soldados, empresarios, dueños de tiendas, madres y padres... Las mujeres que en este país cubren sus cabezas tienen que sentirse bien fuera de sus casas. Las madres con pañuelo en la cabeza no deben ser intimidadas en Estados Unidos».

Ha caído usted en la trampa. La frase no es de Obama, sino de un discurso pronunciado por George W. Bush cuando visitó una mezquita inmediatamente después de los atentados del 11 de septiembre del 2001. De alguna forma, Kissinger está convencido de que el juicio que emita la historia sobre George W. («Dubya») Bush será cada vez más benigno cuanto más tiempo haya pasado.

¿EINSTEIN ERA MALO EN MATES?

A muchos de nosotros nos gustaría consolarnos con esto, pero no es cierto. El rumor de que cateó varios exámenes de matemáticas existía ya en vida del personaje. En una ocasión reaccionó a un artículo de periódico que lo afirmaba, haciendo constar: «Nunca he tenido problemas con las matemáticas, cuando tenía 14 años ya me gustaba resolver problemas de cálculo integral y diferencial». En realidad, a los 6 años ya era un alumno sobresaliente en la escuela muniquesa Petersschule. Su madre le escribió a su hermana: «Ayer Albert recibió sus notas, de nuevo fue el primero de la clase, sacó una matrícula». Pudo saltarse dos cursos y a los nueve años entró en el elitista instituto Luitpold en Munich. No logró avenírselas con el estilo autoritario que allí reinaba, abandonó la institu-

ción con 15 años y, no obstante, sin haber terminado la secundaria, intentó presentarse al examen de
admisión de la Escuela Politécnica Superior para
estudiar la carrera de física. Gracias a su evidente talento pudo presentarse al examen. Su rendimiento en física y matemáticas fue extraordinario;
no así en otras materias como geología. Einstein no
aprobó el examen. A continuación asistió un año
más a la escuela cantonal de Aarau (Cantón de Aarau), para cumplir los requisitos formales de entrada a la universidad y empezó luego sus estudios en
la Politécnica suiza en octubre de 1896. Quizá sea
un malentendido el culpable del rumor. En sus notas finales de la escuela de Aarau sacó, en efecto,
un 6 en física y un 6 en matemáticas. En el sistema
de calificación suizo, sin embargo, el 6 equivale a
«muy bien». La meta inicial de Einstein era ser profesor de matemáticas y física, pero la teoría de la
relatividad se le cruzó en el camino.

¿CREÍAN LOS HOMBRES ANTES QUE LA TIERRA ERA PLANA?

Esto pone en los libros de cuando éramos niños.
Vemos con precisión la imagen del barco que
sencillamente se despeña al llegar al borde. La
verdad es que desde la Antigüedad se sabía que la
tierra tenía forma esférica y esa idea también se
mantuvo a salvo durante la Edad Media. Por eso

también es un cuento que Colón solo pudo descubrir América porque creía en la forma redonda de la tierra. En realidad sus críticos tenían razón; estos, a diferencia de Colón, sabían lo grande que era la esfera y que su plan de alcanzar las Indias saliendo hacia el oeste no era realizable. El cuento de que la gente de la Edad Media era tonta e ignorante es fácil de rebatir. Una de las tres insignias más importantes de esa época era el globo imperial. Simbolizaba el globo terráqueo.

¿QUIÉN FUE EL PRIMERO EN ATRAVESAR EL ATLÁNTICO EN AVIÓN?

Fueron dos hombres: los británicos John Alcock y Arthur Whitten Brown. Lograron su hazaña pionera en 1919. Volaron desde Terranova a Clifden en Irlanda recorriendo 3.000 kilómetros en un avión bombardero Vickers Vimy. Cuando Charles Lindbergh, ocho años más tarde, realizó con éxito su famoso vuelo transatlántico, ya lo habían hecho 66 personas antes que él. La ventaja de Lindbergh fue que tuvo un mejor marketing. Fue el primero en volar solo y eligió para despegar y aterrizar los sitios mejor iluminados del mundo desde el punto de vista técnico mediático: Nueva York y París. Lindbergh era un hombre apuesto que derrochaba encanto por los cuatro costados, abastecía a la prensa con chismes. Se convirtió en el aviador del Atlántico por excelencia. Pero no fue el primero ni de lejos.

¿HABÍA ENTRE LOS ROMANOS CONDENADOS A GALERAS?

En las tiras cómicas de Astérix sí que los había. Y también en la película *Ben-Hur*. En la realidad, los romanos no empleaban condenados en sus barcos de guerra; por lo general, llevaban los remos soldados bien instruidos y remunerados. Los condenados a galeras son un invento de la era moderna. No fue hasta los siglos XV y XVI cuando los tribunales en Europa condenaron a asesinos y traidores de la patria a «remar en galeras».

¿POR QUÉ SE CONDENÓ A GALILEO?

En el famoso proceso contra el investigador italiano Galileo Galilei (1564-1642) el tema no era, como a menudo se ha dicho equivocadamente, la forma redonda de la tierra, sino la posición de esta en el espacio: la disputa giraba en torno a si el centro del universo era la tierra o el sol. Galileo Galilei insistía en que el sol era el centro de todo. Hoy en día sabemos que ambas partes se equivocaban. Sin embargo, Galileo no fue condenado por que sus investigaciones fueran contrarias a la doctrina de la Iglesia. Su amigo y promotor, el papa Urbano, no quería en absoluto que se retractara de su tesis, solo insistía en que la formulara como hipótesis. Galilei se negó; insistió en que se trataba de una certeza. El papa Urbano actuó, según pautas actuales, de manera estrictamente científica: la ciencia siempre llega únicamente a conclusiones provisionales. Por tanto, la condena de Galileo como prueba de la hostilidad de la Iglesia hacia la ciencia no es válida. En la charlatanería de la historia se suele omitir con gusto el hecho de que Galileo, si bien fue condenado a una pena de prisión, esta le fue conmutada inmediatamente por un muy agradable arresto domiciliario. Primero vivió en una de las residencias romanas de la familia Medici, luego se trasladó a Siena y finalmente regresó a su mansión en las montañas del sur de Florencia, donde continuó con su actividad investigadora y escribió los *Discorsi*, su obra magna.

¿ES CIERTO QUE EL DINERO ES EL MOTOR DEL MUNDO?

Los seres humanos se imitan unos a otros. «Si un ser humano ve cómo uno de sus congéneres estira la mano para alcanzar un objeto, inmediatamente siente la tentación de imitar el gesto», dijo René Girard, filósofo francés, fallecido en 2015.

Este afán de imitación, esa « rivalidad miméti-
ca», es el combustible para la guerra, pero también para la cultura. Cuando los peludos godos y
germanos invadieron Italia, eran en un principio
bastante burdos e incultos; la pobre tribu de los
vándalos se ha ganado para siempre una mala
fama. Pero de hecho los nórdicos, más bastos a
partir de la segunda generación a más tardar,
también se paseaban en toga, citaban a Ovidio y
se casaban con las doncellas de la aristocracia romana. El germano que no se fue a vivir a Italia
sino que se estableció entre los Alpes y el mar del
Norte también solía tener un estilo de vida más
bien rústico. Pero, en cuanto vio que en la fortaleza de al lado ya se comía con cuchillo y tenedor
y no se arrastraba a las mujeres a la habitación
tirándolas del pelo, sino que se les hacia la corte
con música en la lira, él también quiso ser señor
de un burgo con todas las de la ley. Quería tener
el *je ne sais quoi*, el toque de distinción.

¿CÓMO SALUDABAN LOS GLADIADORES AL EMPERADOR?

En todo caso no con el «*Ave, Caesar, morituri te
salutant*» [«¡Salve, Cesar, los condenados a
muerte te saludan!»]. La frase, no obstante, se
encuentra, en efecto, en la literatura antigua,
para ser exactos, en los escritos del historiador y

senador romano Cassius Dio, en una obra magna de 80 tomos, conservada solo en parte, *Ρωμαϊκὴ ἱστορία* [Historia romana]. En ella, el autor relata un motín de miles de prisioneros que imitaron una sangrienta batalla en el mar para el emperador Claudio y lo saludaron con las consabidas palabras, con la esperanza de ser indultados y no tener que luchar. Claudio, el padre adoptivo de Nerón y esposo de Agripina, la fundadora de Colonia, les negó el indulto.

¿HA SIDO EL «MADE IN GERMANY» SIEMPRE UNA ESPECIE DE SELLO DE CALIDAD?

Al contrario. Surgió a finales del siglo XIX en Gran Bretaña. Fue una medida para protegerse de productos de calidad inferior, sobre todo textiles, señalando el país de origen. Pero, puesto que la calidad de la industria textil sajona solía ser buena, la denominación «Made in Germany» se fue imponiendo cada vez más como sello de calidad.

¿ES CADA UNO DE NOSOTROS UNA ISLA?

Desde el punto de vista de la historia universal en todo caso no. Hace unos quinientos millones de años teníamos un antepasado común con todos los animales. Si nos remontamos más, teníamos antepasados comunes con los hongos; antes fuimos durante miles de millones de años algas conectadas entre sí. Si compartimos un 44 por ciento de nuestros genes con drosófilas, ¿qué grado de parentesco tenemos entonces con nuestros congéneres? En efecto, somos hermanos y hermanas, no en sentido figurado, sino en sentido biológico. No podemos existir solos. No podemos consolarnos ni acariciarnos a nosotros mismos. Eso es lo que quería decir Aristóteles con el término *Zoon politikón* (en griego ζῷον πολιτικόν).

¿ESTABA LOCA JUANA LA LOCA?

Se dice que la princesa española Juana de Castilla vivió el final de su vida aislada del mundo en una fortaleza en Tordesillas, comiendo del suelo, escupiendo a los criados, atormentada por alucinaciones y manteniendo como esclava a la menor de sus hijas. Existe, no obstante, la tesis de que todo esto no son más que invenciones de los propagandistas de la corte de los Habsburgo. En 1496, cuando se la envió en barco de España a Los Países Bajos para ser la prometida del Habsburgo Felipe el Hermoso, Juana era, en todo caso, una despreocupada y frágil jovencita. Por lo visto, era tan encantadora con sus grandes ojos oscuros y su grácil figura que Felipe no podía esperar más para meterse con ella en la cama. Después de su primer encuentro, insistió en que el obispo los casara esa misma tarde, para poder pasar la noche con ella. En todos los libros sobre el tema pone que el entusiasmo era mutuo, pero que a Felipe pronto el insistente amor de Juana le empezó a crispar los nervios. Se dice que no perdía ocasión de pasar temporadas en Bruselas prescindiendo de su compañía (supuestamente porque no toleraba el clima español). ¿Puede ser verdad esta triste historia? La contradice el hecho de que, durante siete años seguidos, Juana le dio a Felipe siete hijos.

En efecto, ambos tienen que haberse querido mucho.

Un día de septiembre de 1506, Felipe volvió de nuevo a su país, a pesar del clima, jugó a la pelota (una especie de *squash*) a pleno sol del mediodía con algunos de los príncipes, bebió luego litros de agua helada, tuvo calambres y fiebre. A los pocos días el amado Felipe había muerto. Se dice que Juana extrañó mucho a su marido después de su muerte, que lo hizo embalsamar y que todas las noches cenaba con él. Pero esto no es verdad. En efecto, lo hizo embalsamar, pero no para cenar cada noche con él a la luz de las velas, como han propagado las malas lenguas, sino para colocarlo en un ataúd de cristal. Es verdad que cada noche iba a ver el féretro y también es cierto que luego recorrió España llevando consigo el cadáver de su marido, viajando siempre de noche pues: «Una viuda, que ha perdido el sol de su alma, no ha de mostrarse nunca más a la luz del día». Pero la meta de este viaje era absolutamente legítima: el panteón real de Granada. Quizá Juana haya sido de mayor algo particular, pero la historia de su locura es, en cualquier caso desde el punto de vista español, propaganda difamatoria de los Habsburgo.

¿ES EL KAMA SUTRA UN MANUAL DE SEXO?

No. Hay pasajes muy explícitos, pero solo dos de los siete capítulos tratan sobre sexo. Los sutras eran algo así como la Wikipedia de la antigüedad india, pequeños bocados de saber al estilo enciclopédico, destinados a la élite informada. Había sutras sobre todo lo habido y por haber. Vatsyayana Mallanaga, quien se supone que redactó el *Kama sutra* allá por el año 250 d. C., es también el autor de otros sutras sobre temas sociales, políticos y médicos. El sutra sobre *kama*, el placer carnal (una de los cuatro objetivos de la vida humana en el hinduismo), es pues parte de una gran obra del saber, escrita parcialmente por autores anónimos. Es significativo para nosotros, los europeos, que durante siglos hayamos sido demasiado pudorosos para traducir los capítulos con carga sexual y luego hayamos dado un giro de 180 grados y nos fijemos exclusivamente en estos

dos capítulos de carga explícitamente sexual.
Y eso que el *Kama sutra* empieza a ser interesante
cuando se le contempla en su totalidad y uno llega a conocer el valor del *kama* frente a los otros
objetivos de la vida humana.

Junto con *kama*, el grandísimo placer carnal,
está *artha*, el bienestar material y sobre todo
dharma, la vida virtuosa y correcta. Y luego está
moksha, la iluminación suprema y liberación de
todo. Cada uno de estos objetivos de vida tienen
su importancia. En el último peldaño de la escala
se encuentra *kama*, luego sigue *artha*, luego la co-
diciada *dharma*. El *kama* se puede tener enseguida, para *artha* se necesita un poco de planificación, la *dharma* es algo por lo cual hay que
esforzarse, pero que quizá nunca se alcance.
Moksha, la liberación de toda reencarnación, es
lo mejor que uno puede llegar a alcanzar. A propósito, el *Kama Sutra* argumenta que lo carnal,
lo material y lo moral no están solo ordenados,
como quien dice, de forma jerárquica, sino que
cada uno de ellos tiene también su fase apropiada
en la vida. Esforzarse por tener *kama* está bien, si
eres joven, enseña el *Kama sutra*; en la edad ma-
dura, no obstante, tendrías que colocar otras cosas en primer plano.

El *Kama sutra* es todo menos un manual de
sexo. En algunos pasajes resulta incluso morali-
zante. Hay que saber que en el tiempo en que
Vatsyayana Mallanaga lo escribió estaba en boga

un movimiento intelectual que se denominaba
Lokayata, «los mundanos». Predicaban que todo
eso del *dharma* y el *moksha* era una tontería, que
no había dioses y que lo único que contaba era el
placer, y cuanto antes y más mejor. En contraposición el *Kama sutra* dice: naturalmente que existe el gozo corporal —en el capítulo dos se trata el
tema extensamente, sobre todo en lo que respec-
ta al preámbulo tal y como corresponde a una
obra enciclopédica—, pero hay cosas que son
mucho más importantes y que llenan más.

Lo verdaderamente interesante del *Kama sutra* es precisamente que no es un libro para atle-
tas del sexo promiscuos, sino una obra que habla
del éxito de la vida honesta y precisa la importancia que ha de tener el sexo y la búsqueda de los
placeres carnales en la vida. Curiosamente alaba
expresamente la relación sexual monogámica.
Coloca al matrimonio en el centro de su examen
e instrucciones. El capítulo cuatro, acerca del matrimonio, es el núcleo de la obra. Esto es significativo porque, en el tiempo en que se escribió, en
las élites indias era habitual que los hombres tuvieran más de una mujer. La idea de encontrar
una mujer con la cual recorrer juntamente el camino hacia la *dharma* es nueva. Pero es verdad
que al final del libro Mallanaga nos deja una serie de valiosos consejos prácticos para el caso en
que los esfuerzos por llevar una vida marital conforme a la ética resulten infructuosos; son las in-

dicaciones en cuanto a las cortesanas. Y unos
cuantos trucos. Embadurnar el pene con pimien-
ta, espino blanco y miel es uno de los mejores.
También se recomienda salpicar a la novia durante la noche con una pizca de espinas tritura-
das, acanto, mierda de mono y raíz de lirio. El
supuesto efecto es que la susodicha no volverá a
mirar a ningún otro hombre.

¿LOS CANÍBALES ECHABAN A SUS VÍCTIMAS EN LA OLLA?

Durante mucho tiempo los relatos sobre canibalismo en Suramérica, África, Australia, y sobre
todo en las islas del Pacífico fueron considerados
historias de horror que justificaban el colonialis-
mo. Entretanto, la antropología examina el asunto con más atención. Por ejemplo, no cabe duda
de que algunas tribus de Pápua Nueva Guinea,
como los fore, practicaron el canibalismo hasta
entrado el siglo XX con fines rituales. En octubre
de 2003, una tribu de las islas Fiyi pidió perdón
oficialmente a los descendientes de un misionero
británico porque sacrificaron y se comieron a su
antepasado. Se tiene constancia de que hasta en
los años setenta del siglo XX hubo sacrificios humanos en Nueva Guinea Occidental. Allí desapa-
reció en 1961 Michael Rockefeller, uno de los
herederos del clan Rockefeller, cuando realizaba

una expedición a la región de los asmat. Era el hijo menor del por entonces vicepresidente de Estados Unidos, un playboy y aventurero. La versión romántica de la historia es la siguiente: el heredero multimillonario se enamoró de una indígena y se unió a los asmat. De hecho, en los años ochenta se vieron a unos cuantos indígenas de piel blanca. La versión realista es que al joven Rockefeller lo mataron y se lo comieron. Pero eso sí, definitivamente no lo echaron a la olla. Ollas de metal del tamaño correspondiente solo pueden ser fabricadas mediante procedimientos modernos. En Pápua Nueva Guinea se usaba sobre todo la parrilla.

¿FUE COLÓN QUIEN DESCUBRIÓ AMÉRICA?

Los descubridores de América fueron los antepasados de los aborígenes del continente, a quienes nosotros estúpidamente llamamos «indios» y que hacia el final de la era glacial (hace aproximadamente doce mil años) invadieron esta parte del planeta, por entonces desierta. Cristóbal Colón, el italiano al servicio de la Corona de Castilla, no fue ni siquiera el primer europeo en cruzar el Atlántico. Eso ya lo habían conseguido otros marinos antes que él. De uno de ellos incluso sabemos el nombre, el islandés Leif Eriksson (aprox. 970-1020). La ciudad de Saint Paul, en el estado americano de Minnesota, honra al primer europeo en territorio americano con una estatua cercana al ayuntamiento. Cristóbal Colón no llegó a pisar territorio americano en toda su vida. No pasó más allá del Caribe.

¿QUÉ SUCEDIÓ CUANDO SE RETRANSMITIÓ POR PRIMERA VEZ LA GUERRA DE LOS MUNDOS POR LA RADIO?

¿Se produjeron escenas de pánico colectivo en las ciudades estadounidenses? Naturalmente que no. El estreno de la obra de H. G. Wells, con la voz de Orson Welles, fue retransmitida en 1938 por pocas emisoras de radio de Estados Unidos. La noticia ofrecida por un diario local, según la cual mucha gente había llamado a la policía y a los bomberos, fue una invención del redactor de esa fuente que quería desacreditar a la radio y presentarla como un medio molesto y poco fiable. Los estudios de la CBS que tenían los derechos de la obra de H. G. Wells no lo desmintieron porque comprendieron rápidamente que el mito del pánico colectivo era una buena estrategia de mercado e hicieron todo lo posible para que la historia siguiera difundiéndose.

¿QUIÉN DIJO: «SI NO TIENEN PAN, QUE COMAN PASTELES»?

María Antonieta de Francia no fue. La frase «Qu'ils mangent de la brioche» aparece por primera vez en *Las confesiones* de Jean-Jacques Rousseau. Rousseau trabajaba en esta obra cuando María Antonieta tenía 10 años y como princesita de la dinastía de los Habsburgo andaba brincando por Fuschl despreocupadamente. La reacción de un alto personaje de la corte a las noticias sobre hambre y escasez de pan también se atribuye a una de las cortesanas o a la esposa del rey Luis XIV, que vivieron mucho antes que María Antonieta. Pero también puede ser que la frase sea simplemente inventada y exprese lo alejada que estaba la corte francesa de las masas en el siglo XVIII.

¿ERA NAPOLEÓN UN HOMBRE MUY BAJO DE ESTATURA?

A Napoleón le gustaba rodearse de su guardia imperial formada por oficiales de gran estatura. Quizá de ahí viene el rumor de que era pequeño. Medía 1,69 m, una estatura claramente superior a la media de los varones franceses de su tiempo. Uno de los primeros apodos que tuvo fue «le petit Caporal» (el pequeño sargento), pero era más bien una expresión cariñosa y no tenía nada que ver con su estatura.

¿QUÉ HIZO NERÓN CUANDO ROMA SE INCENDIABA?

En cualquier caso, no se dedicó a tocar el violín, como en la película protagonizada por Peter Ustinov. Y es que los violines no fueron inventados sino hasta mil quinientos años más tarde. En la noche del 18 al 19 de julio del año 64, Nerón (37-68 d. C.) no se encontraba ni siquiera en Roma, sino a unos 60 kilómetros de la ciudad, en su residencia campestre. La creencia muy difundida de que era pirómano y que fue él mismo quien incendió Roma para disfrutar del fuego es una tontería. Con la historia del emperador que se pone a tocar un instrumento ante un panorama de muerte y sufrimiento sucede lo que con muchas anécdotas: es acertada, pero no cierta pues, desde el punto estrictamente histórico, no puede haber ocurrido. Sin embargo, muchas anécdotas revelan más verdad que algunos hechos documentados al detalle.

La imagen del tirano que se deleita cruelmente con el sufrimiento es en esencia correcta. Nerón era un monstruo sin par, un asesino múltiple. Entre sus colaboradores más estrechos, figuraba también quien detentaba el puesto de envenenador que

tenía la obligación de matar a personas molestas al
emperador o a las que este temía. También hizo
matar a su propia madre. Nerón, además, era un
gran amante de la música. Aparte de la lira, tocaba
varios instrumentos, incluso la gaita. Algo hay de
sentido alegórico en la historia del violín. Dicen
que sus últimas palabras fueron: «Qué artista más
grande pierde el mundo con mi muerte». El rumor
de que Nerón estuvo detrás del gran incendio de
julio del año 64 probablemente tiene que ver con el
hecho de que a continuación le fue más fácil llevar
a cabo sus planes de arrasar zonas enteras de la
ciudad. Además, utilizó la indignación popular
que había suscitado el incendio (que, dicho sea de
paso, está comprobado que lo provocaron gentes
del mercado) para ordenar pogromos contra la
secta de los cristianos romanos, a la que odiaba.

¿DÓNDE TUVIERON LUGAR LOS PRIMEROS JUEGOS OLÍMPICOS DE LA ERA MODERNA?

En el pueblo de Wenlock (condado de Shropshire)
en el oeste de Inglaterra. La reavivación de la idea
olímpica se la debemos no al barón Coubertin,
como se cree en general, sino al botánico inglés y
entusiasta de Grecia, el doctor William P. Brookes.
Los Juegos Olímpicos de Wenlock, instaurados
por Brookes, tienen lugar cada año desde 1850 en
este pueblo situado en la frontera entre Gales e In-

glaterra. Las disciplinas fueron inicialmente longitud, 800 metros y disco. Después vinieron otras, entre las que figuraban las populares carreras de carretillas y el lanzamiento de tronco, que es también una de las disciplinas más importantes de los diversos Juegos de las Tierras altas de Escocia, las competiciones deportivas de mayor tradición en Europa. Los campeones de los Juegos Olímpicos de Wenlock eran literalmente coronados con laureles y recibían incluso pequeños premios en metálico. En los años sesenta y setenta del siglo XIX los juegos gozaban de un prestigio tan grande que el rey de los Helenos, Jorge I de Grecia, donó monedas de plata para los ganadores. En 1888, Coubertain contactó con Brookes por carta, y dos años más tarde asistió personalmente al certamen en Wenlock. Quedó tan fascinado por los juegos y el estilo ajustado a lo griego que decidió hacer triunfar la idea de Brookes con ayuda de sus contactos. En 1894 fundó el Comité Olímpico Internacional, dos años más tarde. Por iniciativa suya, volvieron a celebrarse por primera vez Juegos Olímpicos en Atenas. Por desgracia Brookes no pudo presenciarlos: había fallecido pocos meses antes.

¿LOS PIRATAS ERAN CORSARIOS?

En todas las épocas y en todos los mares del mundo ha habido corsarios, pero solo a partir del si-

glo XVIII, más exactamente desde 1713, época en
que se consolidó el sistema europeo de Estados,
puede empezar a diferenciarse entre flotas mari-
nas con autorización de un rey y aquellas que, sin
carta de marca o patente de corso, se dedicaban a
saquear barcos. Luego vino la paz de Utrecht en
1713, los Estados europeos se consolidaron y entonces los filibusteros se convirtieron en apátri-
das. En el período de transición, era posible que a
menudo un pirata de éxito se convirtiera en dig-
natario real o acabara en el cadalso por haber
sido condenado como tal. Hombres como el ca-
pitán francés Misson, que hacia 1720 intentó instaurar en Madagascar un pequeño reino huma-
nista, fueron declarados delincuentes en virtud
del Tratado de Utrecht. Ser pirata o no serlo de-
pendió durante un siglo de si uno poseía o no algún tipo de patente de corso (que, por otra parte,
era fácil de falsificar).

¿FUE RICHTHOFEN TEMIDO DURANTE LA PRIMERA GUERRA MUNDIAL COMO «BARÓN ROJO»?

Manfred von Richthofen realizaba a menudo sus
misiones aéreas a bordo de aviones pintados de
rojo, pero nadie lo llamó «Barón Rojo», salvo después de su muerte. Su autobiografía se titula *Der
rote Kampfflieger* [*El avión rojo de combate*]. Le

gustaba referirse a sí mismo, *notabene*, en tercera persona. Estas memorias fueron publicadas en 1917 por la editorial Ullstein de Berlín, aproximadamente un año antes de su muerte. Richthofen resultó muerto en un combate aéreo cerca de Vaux-sur-Somme. Tenía 25 años. En 1933, se publicó *Der rote Kampfflieger* en una nueva edición que fue muy popular, con un prólogo del entonces ministro del Reich, Hermann Göring. La fama de Manfred von Richthofen y su apodo el «Barón Rojo» datan de después de su muerte.

¿ES VERDAD QUE ROBIN HOOD FUE EL VENGADOR DE LOS DESPOSEÍDOS DE DERECHOS?

El sabiondo contestaría: Robin Hood no existió, es un personaje literario. Pero esto no es cierto. Según diversas fuentes documentales existió, en efecto, un jefe de ladrones, llamado Robert Hood, que se rodeó de una banda de forajidos. A mediados del siglo XIV, por las tabernas inglesas circulaban historias escritas en verso y canciones que narraban las acciones de una banda de estas características. En la cultura pop de la época, tenían las funciones que hoy tienen series de televisión como *Los Soprano* o las películas de Quentin Tarantino: ensalzan la violencia e incitan a identificarse con el bando de los violentos. En obras de teatro del siglo XVI se convierte al vulgar jefe de ladrones —de acuerdo al elitista gusto urbano de la época— en un noble aristócrata que roba a los ricos para dar a los pobres. En ninguna de las versiones originales de la historia de Robin Hood existió este motivo. Fue el escritor victoriano sir Walter Scott quien marcó en gran medida la imagen que tenemos de Robin Hood. Scott se sirvió de todas las viejas historias para crear en el personaje de Ivanhoe una especie de epopeya nacional inglesa. A fin de cuentas, Robin Hood dejó de ser un criminal común y corriente para convertirse en un héroe que luchaba contra la autoridad ilegítima. El motivo romántico, el del Robin Hood que vive con sus seguidores en el bosque, también es una invención de Scott. Este retoma en él la querencia por el bosque, propia de la época victoriana, que, de modo similar a la añoranza del caballero medieval en el siglo XIX, es una reacción al crecimiento de las ciudades y de la industria percibido como una amenaza.

¿CUÁNTAS MUJERES FUERON QUEMADAS EN SALEM?

Ninguna de las condenadas en los famosos juicios por brujería fue quemada. Ahorcaron a 19 condenados, lapidaron a un acusado octogenario, otros 15 acusados murieron durante los juicios o en prisión. En el siglo XVII, ataques de histeria colectiva de este tipo eran algo muy excepcional en Estados Unidos. Hay varias teorías acerca de los motivos por los cuales se produjo esta repentina persecución de las brujas en Salem. La más difundida es la que dice que desde 1630 los puritanos, que gobernaban las colonias de la bahía de Massachusetts, desarrollaron, de forma masiva, alucinaciones y ataques de histeria provocados por el fanatismo religioso. Puede que también el cereal contaminado de cornezuelo de centeno y las perturbaciones sensoriales resultantes hayan tenido algo que ver.

¿FUE LA ESCLAVITUD UNA CUESTIÓN CLAVE EN LA GUERRA CIVIL ESTADOUNIDENSE?

¿Quiénes eran los «buenos» en la Guerra de Secesión estadounidense? Los de los uniformes azules, claro. ¡Qué pregunta más tonta! Los que liberaron a los esclavos. Charles Dickens no compartía esta opinión. Según Dickens, en esta guerra no se trataba de la abolición de la esclavitud, sino de recabar impuestos. En cualquier caso, Abraham Lincoln, el republicano que fue elegido presidente de Estados Unidos en 1860 e impidió con la guerra contra los estados del sur la división del país, no era contrario a la esclavitud. En su discurso de posesión dijo expresamente: «No tengo intención de intervenir, de forma directa ni indirecta, en la institución de la esclavitud en los estados en que exista».

La vida de aquellos que no eran blancos no contaba mucho para Lincoln; tanto él como los generales del ejército estadounidense cercanos a él (de joven se alistó en la campaña contra la tribu de los sauk) ya lo habían demostrado durante el genocidio perpetrado contra los indígenas. Era un gran maestro de la política de pactos y supo ganarse a los estados dispuestos a jurar la secesión, mediante leyes que consentían la tenencia de esclavos. La Guerra de Secesión es históricamente interesante por dos motivos: se cobró la vida de 600.000 soldados y 50.000 civiles —nunca en ninguna otra guerra ha muerto un número tan elevado de ciudadanos estadounidenses— única y exclusivamente con el fin de preservar la «Unión», como subrayó el mismo Lincoln en varias ocasiones. Esto, a su vez, la hace interesante desde el punto de vista histórico-constitucional: Lincoln negó a los estados del sur el derecho a eso, precisamente, a la secesión, a la separación, que había dado origen pocas décadas antes a la fundación de Estados Unidos.

En realidad, el hecho de que ni la gran Revolución Americana ni la Revolución Francesa se hayan ocupado de la liberación de los esclavos tendría que dar que pensar. Se sabe, por ejemplo, que a los esclavos de las islas caribeñas los liberó el invento de la obtención de azúcar a partir de la remolacha azucarera. Este método permitió la producción de grandes cantidades de azúcar barato en Europa, por lo que la importación de azúcar de caña de Jamaica y Cuba dejó de ser rentable.

¿EL BUQUE DE CORREO REAL TITANIC QUERÍA BATIR UN RÉCORD DE VELOCIDAD?

Se afirmaba esto en una película de propaganda política alemana del año 1934 en la que se presenta a los británicos como unos irresponsables que, sin miramientos, ponen en peligro la vida de los pasajeros. La Cinta Azul por la travesía más rápida del Atlántico, que se menciona una y otra vez en los textos de divulgación y en las películas, la ostentaba por entonces el Mauretania, de la Cunard Line, la empresa de la competencia. Para la travesía del océano, dicho transatlántico necesitaba casi un día menos que el Titanic. No obstante, los astilleros White Star Line no tenían para nada la intención de batir récords de velocidad con el Titanic. Su sistema de propulsión no fue concebido para tal finalidad. La máquina del Titanic, que se hundió el 15 de abril de 1912 tras colisionar con un iceberg, tenía una potencia de 51.000 CV, la del Mauretania, más de 78.000. La filosofía de los cruceros del Titanic era ofrecer puro lujo a pasajeros adinerados y no travesías especialmente rápidas.

¿QUIÉN FUE EL PRIMERO EN DAR LA VUELTA AL MUNDO?

Si uno introduce esta pregunta en Google, la respuesta es el marino portugués Fernando de Magallanes que en 1519 partió de Sevilla, porque estaba seguro de que había un paso, un canal navegable, entre Suramérica y el océano Pacífico. Stefan Zweig escribió un hermoso libro sobre Magallanes. Fue una de las personalidades más importantes de la historia de la humanidad, también fue el primero que describió algo que vio en el cielo que luego resultó ser una galaxia vecina. Pero él mismo no sobrevivió a la vuelta al mundo, pues murió en 1521 en Las Filipinas. El primer hombre en dar la vuelta al mundo fue Enrique de Malaca, el esclavo de Magallanes, al que aquel puso este nombre. Su procedencia es incierta. Magallanes lo compró en uno de sus viajes al sureste asiático en el mercado de esclavos de Malasia en 1511. Enrique acompañó a Magallanes en todas sus travesías por mar, incluida la vuelta al mundo que comenzó en 1519 en Sevilla y acabó en 1522 en el puerto español de origen.

¿LOS VIKINGOS LLEVABAN CASCOS CON CUERNOS?

No, definitivamente no. Los cascos de vikingos con cuernos son un invento de Richard Wagner.

Los presentó por primera vez en la inauguración del Festival de Bayreuth en el verano de 1876 durante la primera función completa del *Anillo del nibelungo*. La complicada puesta en escena, con su ciclo de cuatro óperas independientes pero entrelazadas, solo fue posible de realizar gracias al apoyo financiero del manirroto rey Luis II de Baviera.

¿SON POSIBLES LOS VIAJES A TRAVÉS DEL TIEMPO?

No. «De lo contrario ya habríamos sido invadidos por turistas del futuro», dice Stephen Hawking. Por otra parte, lo que estamos haciendo en este momento es un viaje a través del tiempo. Las palabras que usted está leyendo fueron escritas por mí en el pasado y, sin embargo, suenan como dichas en el presente en su cabeza. Yo, en tanto que autor, me encuentro en su cabeza, pero no mientras escribo, sino solo cuando usted me lee. Quiero aprovechar la ocasión de este encuentro en el futuro para despedirme y agradecerle su compañía y su atención durante nuestro viaje común a través del tiempo.

AGRADECIMIENTOS

A mi esposa Irina no solo le agradezco su apoyo, también le pido perdón por haberla dejado tantas veces sola mientras yo trabajaba en este libro. Agradezco a mi editor, Gunnar Schmidt, que me animara a escribir este libro. Para emprender una empresa tan loca tienen que animarte, y él lo hizo, permitiéndome así cumplir un sueño que acariciaba hace mucho tiempo. Agradezco a mis dos correctores, Ricarda Saul y Ulrich Wank, su paciencia, minuciosidad y rigor. Los tres formamos verdaderamente un buen equipo. Agradezco al profesor Yuval Harari, a Sebastian Graf Henckel-Donnersmarck, al profesor Thomas Macho, a Martin Mosebach y al doctor Alexander Pschera sus valiosas indicaciones y recomendaciones bibliográficas. Reciban también mi agradecimiento la doctora Johanna Sprondel, el reverendo Anthony Giambrone, Walter Straten, el doctor Ralf Georg Reuth, el profesor Tracey Rowland y muy especialmente la doctora Heike Wolter, a quienes pude molestar con la revisión de mis borradores. Gracias también a Annelie Schlieker-Erikson y a Moritz Stranghöner por su apoyo moral.

Si quiere estar en contacto con el autor, puede seguirle en su cuenta de Twitter @AlecSchoenburg o visitar su blog www.OnAlexandersMind.blogspot.com.

BIBLIOGRAFÍA

El tema que he abordado aquí es demasiado extenso para poder enumerar siquiera aproximadamente la cantidad de libros que me han servido de pauta o inspiración. No obstante, tengo que mencionar unos pocos, para mí especialmente importantes.

Alvarez, Walter, *T. Rex and the Crater of Doom*, Princeton, Princeton University Press, 1997.

Anderson, Benedict, *Imagined Communities: Reflections on the Origin and Spread of Nationalism*, Londres, Verso, 1983.

Ansary, Tamim, *Un destino desbaratado: la historia universal vista por el islam*, Barcelona, RBA Libros, 2011.

Assmann, Jan, *Exodus*, Munich, Verlag C. H. Beck, 2015.

Auerbach, Erich, *Mimesis (1942-1949)*, Tubinga, Francke Verlag, 2015.

Berger, Klaus, *Paulus*, Munich, Verlag C. H. Beck, 2002.

Berlin, Isaiah, *The Roots of Romanticism*, Londres, Chatto & Windus, 1999.

Bernstein, Peter L., *Against the Gods*, Nueva York, John Wiley & Sons, 1996.

Berry, Robert J., *The Lion Handbook of Science & Christianity*, Oxford, Lion Hudson, 2012.

Bidez, Joseph, *Kaiser Julian: Der Untergang der heidnischen Welt*, Reinbek, Rowohlt Taschenbuch, 1956.

Borkenau, Franz, *Ende und Anfang*, Stuttgart, Ernst Klett Verlag, 1984.

Bowman, Alan K., y Greg Woolf, *Literacy and Power*, Cambridge, Cambridge University Press, 1964.

Bredekamp, Horst, *Der schwimmende Souverän: Karl der Große und die Bildpolitik des Körpers*, Berlín, Wagenbach, 2014.

Brown, Alison, *The Renaissance*, Nueva York, Longman Publishing, 1988.

Brown, Peter, *Divergent Christendoms: The Emergence of a Christian Europe*, Oxford, Blackwell, 1995.

Burckhardt, Jacob, *Vorträge zu Kunst und Kulturgeschichte*, Leipzig, Dietrich'sche Verlagsbuchhandlung, 1987.

—, *Das Geschichtswerk Band I und II*, Fráncfort del Meno, Zweitausendeins, 2007.

Cave, Stephen, *Immortality*, Nueva York, Crown Publishers, 2012.

Demandt, Alexander, *Kleine Weltgeschichte*, Fráncfort del Meno, Fischer Taschenbuch, 2007.

Die Bibel (La Biblia), en su traducción unificada al alemán de la editorial Pattloch, Stuttgart, 1980.

Diringer, David, *The Alphabet: A Key to the History of Mankind*, Londres, Hutchinson, 1968.

Elias, Norbert, *Über den Prozess der Zivilisation*, Fráncfort del Meno, Suhrkamp Taschenbuch, 1997.

Fernau, Joachim, *Rosen für Apoll*, Munich, F. A. Herbig Verlagsbuchhandlung, 1961.

Fest, Joachim, *Hitler*, Berlín, Propyläen Verlag, 1973.

—, *Nach dem Scheitern der Utopien*, Reinbek, Rowohlt Verlag, 2007.

Finley, Moses I., *The Ancient Greeks*, Nueva York, Viking Press, 1963.

—, *Aspects of Antiquity*, Londres, Penguin Books, 1977.

Ford, Martin, *The Rise of the Robots*, Londres, Oneworld, 2015.

Fraser, Lady Antonia, *Boadicea's Chariot*, Londres, Weidenfeld & Nicolson, 2011.

Freely, John, *Aladdin's Lamp*, Nueva York, Alfred A. Knopf, 2009.

Friedell, Egon, *Kulturgeschichte der Neuzeit*, Zurich, Diogenes Taschenbuch, 2009.

Goethe, Johann Wolfgang, *Winckelmann und sein Jahrhundert*, Tubinga, Cotta'sche Buchhandlung, 1805.

Gombrich, Ernst H., *Eine kurze Weltgeschichte für junge Leser*, Colonia, Du Mont Buchverlag, 1985.

Haller, Reinhard, *Das ganz normale Böse*, Reinbek, Rowohlt Taschenbuch, 2011.

Harari, Yuval Noah, *Sapiens: De animales a dioses. Una breve historia de la humanidad*, Madrid, Debate, 2014.

Heather, Peter, *Empires and Barbarians*, Londres, Macmillan, 2009.

Hildebrandt, Dieter, *Saulus, Paulus*, Munich, Carl Hanser Verlag, 1989.

Hintze, Otto, *Feudalismus - Kapitalismus*, Gotinga, Vandenhoeck & Ruprecht, 1970.

Huizinga, Johan, *Wege der Kulturgeschichte*, Munich, Drei Masken Verlag, 1930.

—, *Das Problem der Renaissance*, Tubinga, Wissenschaftliche Buchgemeinschaft, 1953.

Jaspers, Karl, *Vom Ursprung und Ziel der Geschichte*, Munich, Piper Verlag, 1950.

Jaynes, Julian, *El origen de la conciencia en la ruptura de la mente bicameral*, México, Fondo de Cultura Económica, 2009.

Kaufhold, Martin, *Die großen Reden der Weltgeschichte*, Wiesbaden, Marixverlag, 2012.

Kennedy, Paul, *The Rise and Fall of Great Powers*, Nueva York, Fontana Press, 1988.

Kissler, Alexander, *Der aufgeklärte Gott*, Munich, Pattloch Verlag, 2008.

Köhlmeier, Michael, *Geschichten von der Bibel*, Munich, Piper Verlag, 2004.

Kothe B., *Abriß der allgemeinen Musikgeschichte*, Leipzig, Verlag von F. E. C. Leuckart, 1909.

Kracauer, Siegfried, *Geschichte: Vor den letzten*

Dingen, Fráncfort del Meno, Suhrkamp Taschenbuch, 1971.

LeGoff, Jacques, *Pour l'amour des villes*, Textuel, 1997.

—, *L'Europe est-elle née au Moyen Âge?*, París, Editions du Seuil, 2003.

Lloyd, John, y John Mitchinson, *The Book of General Ignorance*, Nueva York, Harmony Books, 2006.

Magnis, Esther Maria, *Gott braucht dich nicht*, Reinbek, Rowohlt Verlag, 2012.

Metternich, Clemens Fürst von, *Ordnung und Gleichgewicht*, Viena, Karolinger Verlag, 1995.

Metzger, Rainer, *Die Stadt*, Viena, Brandstätter Verlag, 2015.

Mithen, Steven, *The Prehistory of the Mind*, Londres, Thames & Hudson, 1996.

Nelson, Brian R., *Western Political Thought*, Englewood Cliffs, Prentice Hall, 1996.

O'Hear, Anthony, *The Landscape of Humanity*, Exeter, Imprint Academic, 2008.

Pieper, Josef, *Über das Ende der Zeit*, Kevelaer, Verlagsgemeinschaft Topos Plus, 2014.

Pollock, Sheldon, *The Language of the Gods in the World of Men: Sanskrit, Culture and Power in Premodern India*, Berkeley, University of California Press, 2006.

Popper, Karl R., *En busca de un mundo mejor*, Barcelona, Paidós Ibérica, 1994.

Presser, Jacques, *Napoléon: Histoire en légende*, Amsterdam, Elsevier, 1946.

Pryce-Jones, David, *The Closed Circle: An Inter-pretation of the Arabs*, Londres, Weidenfeld & Nicolson, 1989.

Ratzinger, Joseph, «Europa: Geistige Grundlagen», conferencia pronunciada por el cardenal en la Bayrische Vertretung, Berlín, el 28 de noviembre de 2000.

Sanders, Seth L., *The Invention of Hebrew*, Chicago, University of Illinois Press, 2011.

Schama, Simon, *The Story of the Jews*, Londres, Bodley Head, 2013.

Schmitt, Carl, *Land und Meer*, Leipzig, Cotta'sche Buchhandlung, 1942.

Schramm, Gottfried, *Fünf Wegscheiden der Welt-geschichte*, Gotinga, Vandenhoeck & Ruprecht, 2004.

Schwarzenberg, Karl, *Adler und Drache: Der WeltHerrschaftsgedanke*, Viena, Verlag Herold, 1958.

Scull, Andrew, *Madness in Civilization*, Princeton, Princeton University Press, 2015.

Seibt, Gustav, *Canaletto im Bahnhofsviertel*, Springe, Zu Klampen Verlag, 2005.

Sieburg, Friedrich, *Gott in Frankreich*, Fráncfort del Meno, Societäts-Verlag, 1958.

Stark, Rodney, *God's Battalions: The Case for the Crusades*, Nueva York, HarperOne, 2009.

Starr, Chester G., *A History of the Ancient World*, Nueva York/Oxford, Oxford University Press, 1991.

Taleb, Nassim Nicholas, *The Black Swan*, Nueva York, Random House, 2007.

Taylor, Alan J. P., *Europe, Grandeur and Decline*, Londres, Penguin Books, 1967.

Thomson, David, *Political Ideas*, Londres, Penguin Books, 1969.

Varoufakis, Yanis, *Time for Change*, Munich, Carl Hanser Verlag, 2015.

Winkler, Heinrich August, *Geschichte des Westens: Von den Anfängen der Antike bis zum 20. Jahrhundert*, Munich, Verlag C. H. Beck, 2009.

Wittgenstein, Ludwig, *Geheime Tagebücher*, Viena, Turi & Kant, 1991.

Woolf, Greg, *Rome: An Empire's Story*, Oxford, Oxford University Press, 2012.

Zweig, Stefan, *Momentos estelares de la humanidad*, Barcelona, Acantilado, 2002.

Para la composición de este texto
se han utilizado tipos de la familia Sabon,
a cuerpo 11 sobre 14,4. Diseñada por Jan Tschichold
en 1967, esta fuente se caracteriza por su magnífica legibilidad
y sus formas muy clásicas, pues Tschichold se inspiró
para sus diseños en la tipografía creada
por Claude Garamond
en el siglo XVI.

Este libro fue impreso y encuadernado para Los libros del lince
por Cayfosa en julio de 2017 en Barcelona.

Impreso en España / Printed in Spain

· ALIOS · VIDI ·
· VENTOS · ALIASQVE ·
· PROCELLAS ·